最強の遺言

相続・遺言 まるわかりセミナー

ネット検索では教えてくれない実例13から見た対策集

渡邉 善忠

はじめに

私のところには、相続関連の問い合わせが多く寄せられます。

例えば…

「名義変更をしたいのですが、何を準備したらよいですか？」

「相続税っていくら払うのですか？」

「ウチはもめるほど財産がないのですが、相続の準備をしたほうがよいのですか？」

「亡くなった祖父の名義のままの不動産があって、不動産屋さんには『スグに売れないですよ』っていわれましたが本当ですか？」

「相続できる子どもも親族もいないので、このまま放っておいたらよいでしょうか？」

「遺言書を自分で書いたのですが、書き方は間違っていませんか？」

「孫に財産を譲りたいのですが、年間１１０万円までしか渡せないのですか？」

「生命保険は節税効果があると聞いたのですが、どのように利用すればいいですか？」

「そもそも先生に何をお願いしたらいいのですか？」など。

中でも、相続が起こったあとの不動産名義変更のご依頼が多いです。

名義変更、つまり「登記」ですので、相続人の間で話し合いが済んでいれば決着は早いのですが、なかなかそうはいきません。相続人同士の問題、遺産の問題、相続人以外の第三者、例えば、相続人の配偶者が口をはさんでくるケースもよくあります。

反対に、相続人の方が多くても亡くなった方がしっかりとした「遺言」を残されていて、遺産相続がスムーズに進むケースもあります。

その度に、私はやはり「遺言は最強」だな、

「もっと多くの人が遺言についての正しい知識をもっておくべきだ」と感じます。

本書では、相続トラブルに発展しやすいパターンを、典型的な事例を通してご紹介します。

そして、みなさんが押さえておくべき相続や遺言の基本的なポイントをお伝えします。

どうして「遺言が最強」なのか、いっしょに考えていきましょう。

目次

はじめに　3

第1章　相続・遺言 ～まずは、基本のキ～

①「相続」のこと、どれくらい知っていますか?　16

・相続財産が少ないウチは関係ない?

・そもそも「相続」って何?

ケース1 「相続でもめるのが嫌なので、
元気なうちに息子に相続させたい」

・相続人とは?

・相続人がいないときは?

②「遺言書」とはなんでしょう　30

・相続対策には「遺言書」がイチバンって、本当?

・遺言書に種類があるって本当?

・自筆証書遺言作成時のルール、書き方のお作法
・自筆と公正証書はどちらがいいのか？
・遺言書は家族への愛のメッセージ
＊コラム　尊厳死宣言公正証書　52
③「相続」にかかわる税金のハナシ　54
・相続税の基本的なしくみを知っておこう
・贈与税の基本的なしくみを知っておこう
・１億円の遺産なら、相続税は６３０万円
＊コラム　法定相続情報証明制度って？平成29年5月29日スタート！　66

目次

第2章　相続するあなたが知っておくべき相続の基本

①ポイントとなる日付　70
②遺産分割の登場人物　76
③相続財産になるモノ、ならないモノ　80
④準備しておくべき「相続4点セット」　82
⑤相続に困ったときの相談先は？　86
⑥相続税がわかる4つのポイント　92

＊コラム　平成28年12月「遺産の預貯金の引き下し」についての判例変更　95

第3章　被相続人が亡くなった後の具体的な手続き

①早めに行うべき手続き　98
②遺産分割協議　～遺言書はある？～　104

③不動産の名義変更 ～権利証が見つからない！～ 106
④預金口座の「凍結」 ～預金口座はどうすればいい？～ 108
⑤相続した不動産を売却したい ～不動産はすぐに売れるの？～ 110
⑥配偶者の相続 ～配偶者が相続すると相続税が安くなる？～ 113

第4章 相続の9割は「遺言書」で決まる

①なぜお金持ちは相続でもめないのか 118
②どんな場合に、遺言をしておくとよいのか 121
ケース2 「孫に財産をあげたい」
ケース3 「行方不明の息子にも財産を残したい」
ケース4 「財産を子どもたちそれぞれに指定して残したい」
ケース5 「相続させる人がいない」
③遺言こそが、最強の相続対策だ！ 124
④「その遺言書、無効です！」 126

目次

・手軽だけど危険な「自筆証書遺言」
・面倒だけど確実な「公正証書遺言」
⑤遺留分とは？ 131
・遺留分が保障されている人とその割合は？

第5章　生前の財産管理

①成年後見・民事信託　～要は、財産の管理を他人に依頼すること～ 138
・法定後見制度と任意後見制度／任意代理／死後事務委任／民事信託
②生命保険の有効活用 143
・一人あたり５００万円の非課税枠／生命保険は受取人の固有財産
③法律面と税金面のまとめ 146

第6章　みんなで考えるトラブルの事例と対処法

ケース6　「夫婦二人で子どもがいない」　151
子どももいないから、どうせ夫のものは全て私のものだし…？

ケース7　「めぼしい財産が自宅の不動産のみ、預貯金は少なく相続人は複数いる」　157
住んでいる自宅を売らなくちゃいけないの？

ケース8　「前の配偶者との間に子どもがいる」　163
離婚した妻についていったのだから、あの子は私とは関係ないだろう…？

ケース9　「内縁のパートナーがいる」　167
長年連れ添ったパートナーでも、内縁の妻には相続権はない！

目次

ケース10 「不動産が先代名義のままである」
その不動産、すぐには売れません！ 170
ケース11 『寄与』が認められる」
私が父親の看病をしたから出費を抑えられた！ 176
ケース12 「『特別受益』がある」
長男は早くに独立し、生前には援助を一切してもらっていないのに、次男は長年実家住まいで、結婚費用や自宅建設費用、子どもの大学進学費用を父に出してもらっていた。同じ相続では不公平だ！ 180
ケース13 「特定の子どもに財産を多く残したい」
素行が悪い長男ではなく、親思いの優しい長女に、自宅や現金も含めなるべく多くの財産を残してあげたい！ 183

おわりに　186
あとがき　188

イラスト　赤塚凜

第1章
相続・遺言
～まずは、基本のキ～

①「相続」のこと、どれくらい知っていますか？

相続財産が少ないウチは関係ない？

相続にはトラブルが付き物です。私は、これまで2000件以上の相談を受けてきた中でいろいろなトラブルに遭遇しました。親戚同士で裁判沙汰になったケースだってあります。悲しい話かもしれません。しかし、相続トラブルは年々増えています。

「それはお金持ちの家の話だよ。ウチは普通の家庭だから関係ない」

もしかしてそう思いましたか？……しかし本当にそうでしょうか？

裁判所が公開している平成28年度「司法統計年報」によると、家庭裁判所に持ち込まれ、話し合い等でまとまった遺産分割のもめごとの7割以上は、遺産総額が5000万円以下なのです。うち、遺産総額が1000万円以下の割合も約3割となっています。つまり「普通の家庭の方が相続トラブルは起きている」ということです。

むしろお金持ちの方がもめることは少なく、上の円グラフの遺産総額5億円超の割合を見ると、わずか1%もありません。

だからこそ、あなたも他人事ではないのです。しっかり情報収集し準備をしなければ、ドラマのようなドロドロの相続トラブルに巻き込まれてしまうかもしれません。

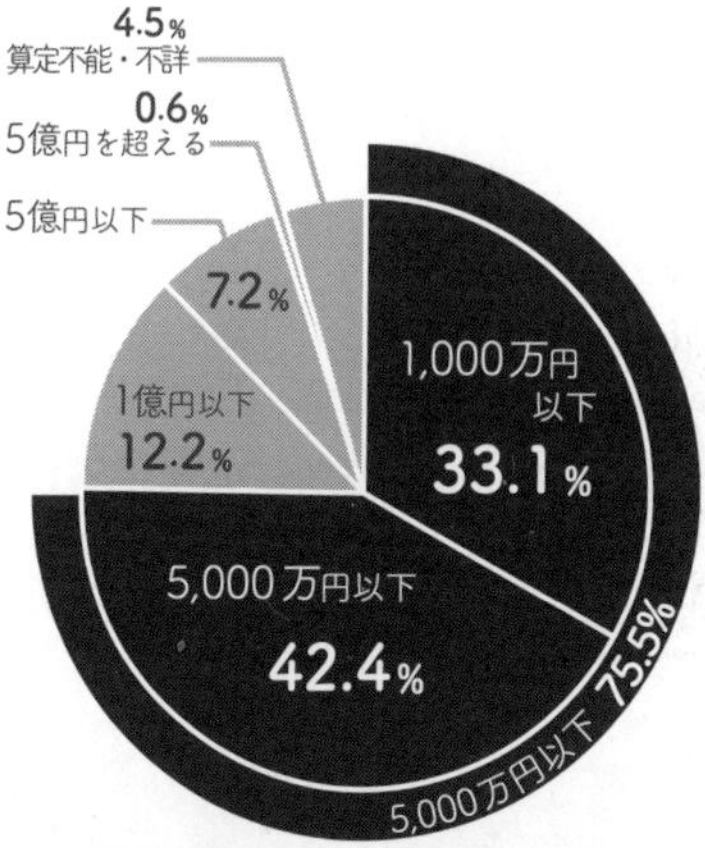

平成28年度遺産分割事件の遺産総額
※認容、調停成立により遺産分割した事件が対象
（最高裁判所司法統計を元に作成）

そもそも「相続」って何？

相続とは、「亡くなった方（この方を、被相続人といいます。）の財産」を誰かに所有させる決まりのことをいいます。

昔は、家督相続があったように、相続とは、主に戸主という「身分」の引継ぎのことをいっていました。今では、故人の財産や権利・義務などを引き継ぐことをいいます。

それでは、相続とは、どういうときに始まるのでしょうか？

民法第882条に「相続は死亡によって開始する」と定められていますので、相続は「人が死亡する」ことで開始します。例えば、「生前に隠居するから相続手続きをしたい！」と考えても、相続手続きができるものではありません。

ケース1

相談者

「先生、相続でもめるのが嫌なので、私が元気なうちに、息子に土地建物を相続させたいのです。名義変更手続きをしてくれませんか？」

司法書士

「ご依頼内容はわかりました。ただ、相続手続きは、人が亡くなった後にしかできない手続きです。あなたが、相続させたい！と思っても、相続を理由に名義変更ができるわけではありません。昔は、隠居制度があって、そういう手続きがありましたが、今はございません。生前にご子息に名義変更したいとなると、通常、贈与を理由に渡すことになります。」

相談者

「そうですか。相続で名義変更ができないなら、いまおっしゃった贈与で構いません。贈与で登記名義を変えてください。」

司法書士

「贈与ですか⁉ただ、贈与ですと、多額の贈与税がかかりますがよろしいのでしょうか？具体的には…」

この相談者は、自分が築いてきた財産、特にお住まいの不動産をご子息に渡すことを「相続であげること」と思っていました。あくまで「相続」は人の死亡によって開始するものですのでご留意ください。

では、相続開始により、何が引き継がれるのでしょうか？
亡くなった方の「遺産」が、いっさいがっさい相続人に引き継がれます。
遺産には、プラスの財産とマイナスの財産があります。
プラスの財産とは、土地建物や預貯金、現金、株式や投資信託などの財産をさします。
では、マイナスの財産とは何でしょう。
これは、亡くなった方の負債のことです。負債には、住宅ローンや支払っていなかった入院費用、友人から借りていたお金などがあります。まれに、保証人になっていた債務もあります。

マイナスの財産で注意が必要なものは、「保証人になっていた債務」です。これは、相続人からは見えにくい借金です。

普通の借金、つまり、亡くなった方が直接負担していた借金なら、契約書や相手からの督促状などで正体はわかりやすいです。しかし、保証人になっていたかどうかは、把握しづらいものです。

保証人とは、貸した人（債権者）と借りた人（債務者）の貸借関係に、間接的に関わり、借りた人の保証をする人のことです。借りた人がきっちり返済すれば、保証人が返済することはありません。もし借りた人が延滞したときは、貸した人から督促状がきます。督促状がくるのも、債務者が滞納した後に二次的にくるものですから、わかりにくいのです。

このように相続では、マイナスの財産、借金や保証債務も引き継がれることにご注意ください。

相続人とは?

人が死亡して相続が発生する場合に、亡くなった方を「被相続人」、相続する権利のある方を「相続人」といいます。次のような家系図の中で、「夫」が亡くなったとします。この場合の相続人は誰に

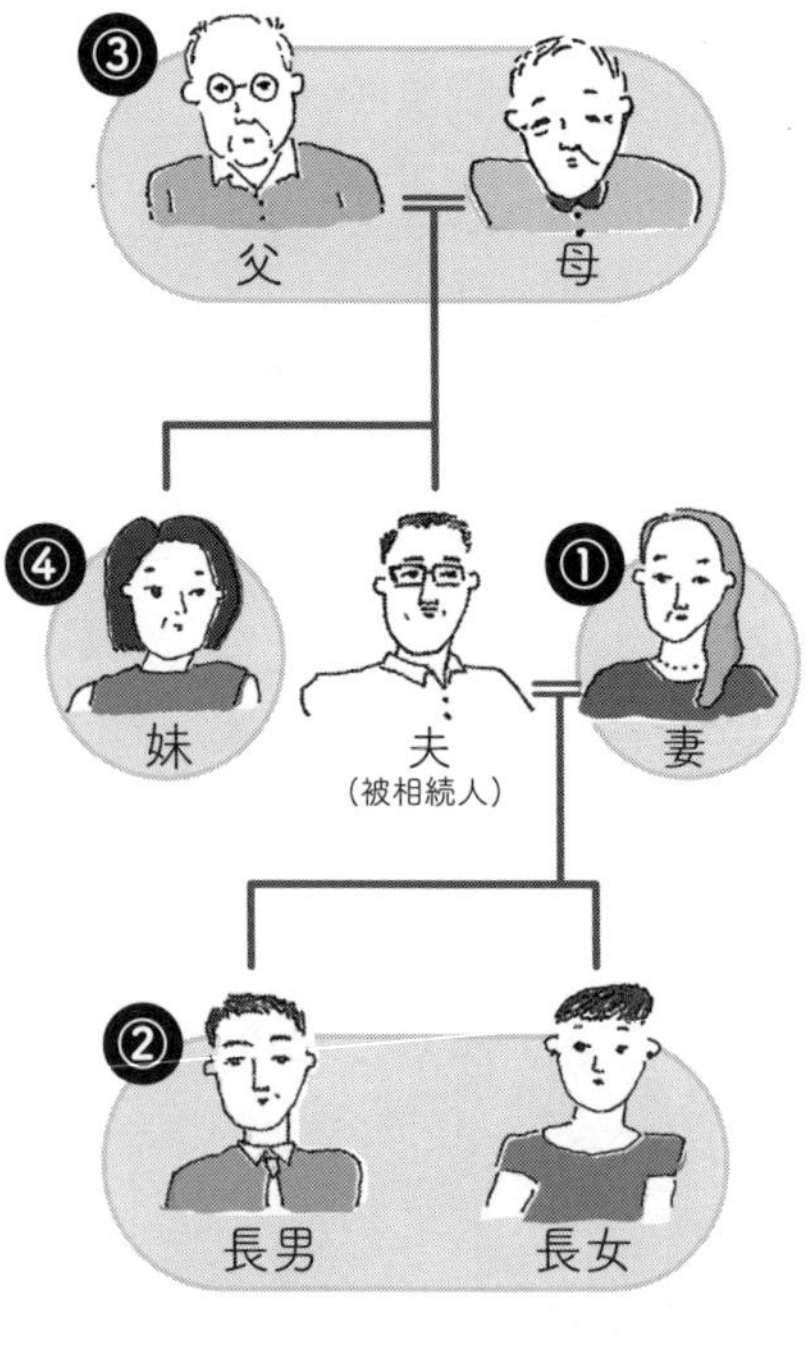

なるでしょうか？

まず、被相続人「夫」が亡くなった場合、配偶者である「妻（①）」は「必ず」相続人になります。そして、子どもがいる場合は、「子ども（②）」です。すでに子どもが死亡している場合で「孫」がいる場合には、その孫が子どもの権利を引き継ぎます。また、子どもがいない場合で「親」が存命しているときは、配偶者と「親（③）」が相続人になります。

子どもも親もいない場合には、配偶者と被相続人の「兄弟姉妹（④）」になります。配偶者がいない場合も同じように、子ども↓親↓兄弟姉妹の順番で相続人となります。

このように、相続人となる方は、法律によって順番が定められています。特に、子どもや親がいないケースでは、少し意外な人（兄弟姉妹）にも相続権が生じる可能性があることにご留意ください。

次に、相続人各自の相続分を見ていきます。
パターン別に見ていったほうが、わかりやすいので順に説明します。

1（第一順位）配偶者と子ども

配偶者2分の1、子ども2分の1
配偶者だけなら、配偶者が全部
子どもだけなら、子どもが全部

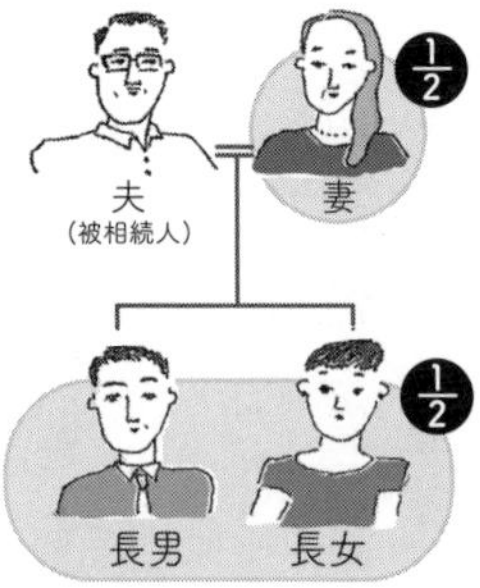

2　（第二順位）配偶者と親

配偶者３分の２、親３分の１
配偶者だけなら、配偶者が全部
親だけなら、親が全部

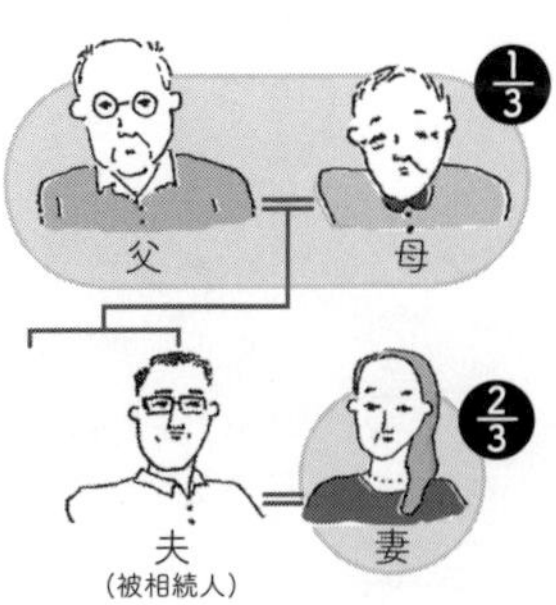

3　（第三順位）配偶者と兄弟姉妹

配偶者４分の３、兄弟姉妹４分の１
配偶者だけなら、配偶者が全部
兄弟姉妹だけなら、兄弟姉妹が全部

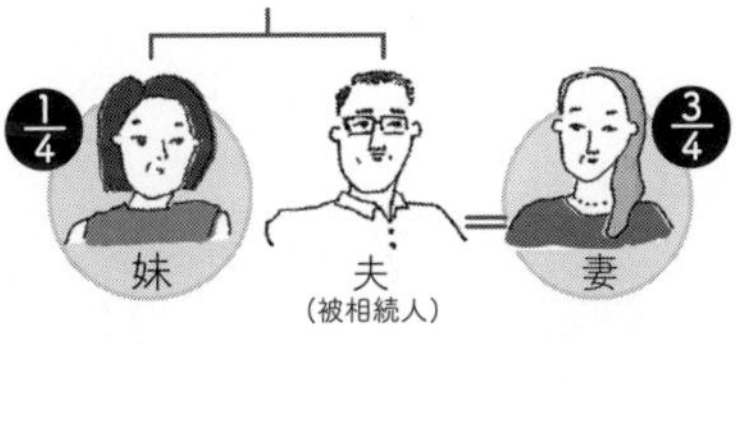

そして、これらのケースで、子ども、親、兄弟姉妹が複数名いるときは、各自の相続分は等しくなります。つまり、相続分を人数割りすることになります。

例えば、子ども二人と配偶者が相続人となる時は、配偶者の法定相続分が2分の1、子ども二人は残りの相続分2分の1を半分ずつ、つまり4分の1ずつ取得することになります。

相続人がいないときは？

相続人がいない場合は、相続財産はどうなるのでしょうか？

相続人がいない場合とは、配偶者がもともといない場合や長年連れ添った方が先に亡くなって、子どもがいなくてお一人の場合、または、法定相続人になる方はいても、その方全員が相続放棄をして相続人がゼロになった場合など、いろいろなケースがあります。

相続人がいない場合は、相続財産の行き先がなくなるわけなので、被相続人がもっていた財産の「清算」をすることになります。この結果として、「特別縁故者《とくべつえんこしゃ》」もしくは「国庫」へ相続財産が移ることになります。

相続財産を清算して、誰も相続人が出てこなければ、国に相続財産がいきます！ということは、民法第９５９条で定められています。日本をはじめ多くの国では、相続人がいなければ、その相続財産は国庫に帰属するという原則を採用しているのです。ですが、例えば、被相続人と長年一緒に暮らしていた内縁の配偶者には相続する権利はないのですが、だからといってこのような人々を無視して国に財産を移すのもいかがなものか?という話が出てきます。

そこで、特別縁故者へ相続財産を渡す手続きが定められています。

特別縁故者には、本人と一緒に暮らしていた方、本人の療養看護に努めた方、その他家族と同様の結びつきがあった方などがあたります。

個人だけではなくお世話になった診療所や老人ホーム、市町村や菩提寺（宗教法人）などが特別縁故者として認められることもあります。

特別縁故者から、家庭裁判所に「財産を分けてください」という請求の申し立てをすると裁判所が判断してくれます。

「私が老人ホームでお世話をしていたのだから、私が特別縁故者では？」という質問を受けることがあります。どうでしょうか？

国に財産がいくのはもったいない！とのお考え、お気持ちはわかりますし、法律の要件にもあてはまりそうです。

しかし、家庭裁判所ではＯＫを出してもらえません。施設でお世話をしている方は、施設からお給料をもらいながらお世話をしていますので、よほどの理由がない限り特別縁故者にはあたりません。

施設の介護者に「よほどの理由」が認められた例としては、「金銭的対価に応じた機械的奉仕をしただけでなく、正当な報酬を上回るような献身的介護をした場合などの特別な事情がある場合」。こういうケースで、その施設の介護者が近親者に匹敵するか、あるいはそれ以上のときです。

このように、相続人がいない場合で、また遺言書で被相続人が財産を渡す人を決めていなければ、特別縁故者が財産を取得できるかもしれません。ただ家庭裁判所の判断も厳しいものがあります。簡単に特別縁故者とは認めてくれません。

ですから、相続人がいないケースでは、国に財産を渡したくなければ遺言書を書いておくのがよいのです。遺言書を書いて、財産を譲りたい方へ遺贈してください。そうしないと、国庫に遺産が移ることになります。

②「遺言書」とはなんでしょう

相続対策には「遺言書」がイチバンって、本当？

相続人がいない場合には、遺言書を書くのがよいでしょう！とご提案しました。

他にも、いろいろな相続対策で遺言書がベター、ベスト、イチバンということがあります。

ここでは、遺言書が必要になる理由や典型例を考えていきましょう。

「もし遺言書がなければ」、法律が決めている相続人に、決められた相続分が移ることになります。そして、相続人の全員で、相続財産の分配を決める話し合い（遺産分割協議）をします（民法第９０７条）。

「もし遺言書がなければ」ということですので、遺言書がイチバン優先されることになります。

相続の法律が定めた原則は、被相続人の意思（遺言）によって修正することができます。相続とは主に被相続人の財産を引き継ぐことなので、被相続人自身が自らの財産の行方について最終の意思を表示（遺言書を書くということ）したら、このことは尊重されるべきです。

ただ、その意思の効力が出るときというのは、被相続人はすでに死亡しています。亡くなった方に「お父さんの書いてくれた遺言書のこの項目、間違ってない？財産をもらうのは、兄貴じゃなく、弟の僕ですよね？」というようなことは、天国に行って確認することができないわけです。
被相続人の意思も確認できないし、相続人同士でもめる種になるわけです。
そこで、被相続人の死後に残すことばに、「遺言」に厳しい書き方や内容を決めて、法的に守っていこうとしたのです。これを「遺言（イゴン、ユイゴン）制度」といいます。

遺言公正証書作成件数

（日本公証人連合会 HP より）

平成 28 年 1 月から 12 月までの 1 年間に全国で作成された遺言公正証書は、10 万 5350 件でした。なお、過去10年間の推移は次のとおりです。

暦年	遺言公正証書作成件数
平成 19 年	74,160 件
平成 20 年	76,436 件
平成 21 年	77,878 件
平成 22 年	81,984 件
平成 23 年	78,754 件
平成 24 年	88,156 件
平成 25 年	96,020 件
平成 26 年	104,490 件
平成 27 年	110,778 件
平成 28 年	105,350 件

日本では、いままで遺言はあまり利用されていませんでした。しかし、近年になって意識の変化や社会的需要の増大に伴って、遺言がなされる件数は増加の一途を辿っています。

次に、具体的に、遺言を残した方がよい事例を列挙してみます。

1 子どもがいない夫婦のとき
2 孫に財産をあげたいとき
3 相続人の間ですでにもめているとき
4 大多数が相続人となるとき
5 認知症の相続人がいるとき
6 行方不明の相続人がいるとき
7 何十年も連絡を取っていない子どもがいるとき
8 外国に移住した、または、海外勤務の子どもや親族がいるとき
9 自宅購入資金を一人の子どもに渡しているとき
10 内縁の妻に遺産を渡したいとき
11 戸籍上の妻と内縁の妻に相続させたいとき
12 主な財産が自宅だけのとき

13 長男夫婦と同居しているとき

14 独身で身近な親族がいないとき

15 配偶者に全ての財産を残したいとき

16 子どもを認知したいとき

17 病気で働けなくなった子どもの特別受益の持戻し（※）を免除したいとき

18 未成年の子どもがいるので、後見人（※）を決めておきたいとき

19 ペットに財産を残しておきたいとき

20 死後事務費用を遺産と分けておきたいとき

21 その他

（※特別受益や後見人については、後ほど説明します。）

このように多数事例があります。

ここでは、遺言書を相続対策の重要な手段としてあげています。そのほかにも、「委任契約」「任意後見契約」「民事信託契約」「死後事務委任契約」などの財産管理の手

段を、ご事情により使い分け、または合わせて考えていくことになります。

遺言書に種類があるって本当？

遺言書の準備をされていない方は多いです。後の事例でいろいろ出てきますが、事例によっては大変強い効力をもつというケースがあります。

ここでは遺言書のことをおさえていきたいと思います。

遺言書には、どんな種類があって、どんな違いがあるのか?見てまいりましょう。

遺言には大きく分けて、二つの種類があります。

まず**自筆証書遺言**です。

自筆証書遺言は、気軽に書きたい方、毎年書き直したい方、こういった方にはお勧めです。

これは文字通り自分でペンを持って自筆で書く遺言書です。自分で書くので、いつでも気軽に書けるというのがメリットです。

今からすぐに筆をとって書いてもいいのです。書き直しも簡単です。

一方で、遺言書の作成に不備が発生する可能性があるという欠点があります。

ご自身で本を買って調べながら書いてみたり、インターネットで調べながら書いたりするかと思うのですが、やはり法律のところで迷います。せっかく遺言書をつくってもそこに不備があると、いざ相続が発生した際に、「これは遺言書とは認められません」となってしまうことがあります。つまり、定められた要件を具備していないと無効になってしまいます。

自筆証書遺言と公正証書遺言の違い

自筆証書遺言

特徴
・**自分**で書く。

利点
・いつでも**気軽**に書ける。
・書き直しが容易。

欠点
・遺言書の作成に**不備が発生**する可能性がある。
・遺言書の**管理が難しい**。
・遺言書の**検認**（※）**が必要**。

こんな人にオススメ
・気軽に書きたい。
・毎年書き直したい。

公正証書遺言

特徴
・**公証人**が作成。

利点
・作成に**不備がない**。
・**公証役場が管理**してくれる。
・死後**すぐに効力**が発生。

欠点
・公証人への**手数料がかかる**。
・**証人が２人以上**必要。

こんな人にオススメ
・手が動かず、書けない人。
・遺言書の管理に不安がある人。
・複雑な条件付きの遺言書を書く人。

※**検認**とは…**遺言書の存在、内容を明確にし、偽匿・変造を防止する手続き。**
最初は**自筆証書遺言**、最後は**公正証書遺言**にするのが一番よい方法です。

また、遺言書の管理が難しいことも問題です。ご自分で書いた後、ご自宅の金庫で保管したり、仏壇の引き出しに入れたりということになると思いますが、やはり紛失などの可能性が出てきます。

火事で焼けて遺言書自体がなくなったり、盗難に遭ったりする可能性もあります。

盗難も、他人が盗んでいくこともあるかもしれませんが、極端な例を挙げれば、ご自身の息子さんとかお嬢さんが来られて、遺言書を発見して、自分に不利な遺言の場合、破棄してしまうということもあるかもしれません。そういった意味で管理が難しいのです。

さらに、自筆証書遺言には、遺言者亡き後、検認という手続きが必要です。検認というのは、遺言書の存在を法定相続人に知らせ、家庭裁判所で遺言内容を記録する手続きのことです。自筆で書いた遺言書の偽造・変造を防止するために行います。どのような用紙何枚に、どのような筆記用具で、どのようなことが書かれ、日付、署名、印はどのようになっているのか？などを記録します。

このような検認手続きが、少し面倒だと感じる相続人も多いでしょう。

もう一つは、**公正証書遺言**です。

公正証書遺言は、公証役場にいる公証人が作成する遺言書です。

この遺言のメリットは、不備がないことです。公証人は裁判官を退職した方や、法律にたけた方が多いです。法律の専門家がつくるのですから、安心です。

管理面でも安全です。公証役場で管理してくれます。自筆証書遺言の紛失のことを述べましたが、公正証書遺言は公証役場で原本を管理してくれますので、紛失の危険性はありません。

大震災など各地で災害が起こっていますが、それでもきちんとデータは残っています。管理が厳重にされていますので、大きなメリットの一つです。

次に、亡くなった後すぐに効力が発生するというメリットがあります。先ほど自筆証書遺言は、家庭裁判所の検認手続きが要るとお伝えしました。検認手続きを経ていない遺言書では、不動産や預貯金の手続きはできません。その点、公正証書遺言はすぐに効力が発生します。

公正証書の遺言書を持っていけば、不動産なら、司法書士事務所に行ってすぐ名義変更ができます。また、銀行の預金も、公正証書遺言があれば手続きがスムーズです。

公正証書遺言のデメリットは、お金がかかるということでしょうか。公証人への手数料がかかります。公証人に書いてもらうために、シンプルな遺言書でも3～4万円の手数料がかかります。

それから証人二人以上が必要となります。証人には第三者、基本的には他人に頼まなければいけません。例えば財産を譲り受ける方は、いわば利益が相反するので、そういったご親族は証人としてはダメなのです。第三者を選ぶようにしてください。

公正証書遺言は、こんな人にオススメします

手が動かず書けない方

自筆証書遺言は自分でしっかり書かなければいけないのですが、公正証書遺言は公証人に内容を口伝えで伝えて、あとは公証人が書いてくれます。手が動かなくても口で伝えられれば遺言がつくれるということです。

●遺言書の管理に不安がある方

公正証書遺言は、必要な期間保存される決まりがあり、遺言者が概ね１２０歳程度の年齢になる時期まで公証役場で保管される運用となっています。

●複雑な条件つきの遺言書を書く方

これも公証人は法律のプロなので、複雑な遺言書も書いてくれます。

自筆証書遺言作成時のルール、書き方のお作法

ここでは、自筆証書遺言の書き方の注意事項を述べたいと思います。簡単ですが、実際にこのルールを守れば、すぐにできます。

守るべき4つのルール

1 遺言書は全て手書き

自筆という文字通りです。全て「手書き」です。だから、パソコンで打ってそれで文章をつくっても、自筆証書遺言としては認められません。「最後に自分のサインがあったらいいかな?」と思われるかもしれませんが、全文、最初から最後まで自書しなければなりません。

他人の手を借りるのはどうでしょうか?視力を失っている方や病気のために手が震えるなどの理由で、運筆に他人の助けを借りたとしても無効にはならないと判断した裁判例もありますが、基本的には「全て本人の手書き」というルールになっています。

2 日付を書く

日付を書く理由は、遺言書を作成したときに遺言を書く能力があったのか?また、何通も遺言書を書いていた時に、どの遺言が有効か?優先順位を決めるためです。日付が確定できればよいので、「還暦の日」などは有効です。しかし、「〇〇年△月吉日」という書き方は無効とされています。

3 遺言する人の名前を書く

これも自書で、戸籍上の氏名で書きましょう。「名前」とありますが、住所や生年月日も全て書くようにしましょう。ペンネームや芸名ではダメです。

4 印鑑を押す

印鑑もいろいろありますが、認め印でも銀行印でも、印鑑であれば何でも大丈夫です。

一番よいのは、実印です。本人しか持っていないハンコが押されているわけですので、本人が書いたのだということがわかります。

自筆証書遺言作成時の注意事項

守るべき４つのルール

1. 遺言書は**すべて手書き**
2. **日付**を書く
3. 遺言する人の**名前を書く**
4. **印**を押す

指定した内容が**遺留分に侵害しないか、重要な作成ミスがないか**等**専門家のチェックが必要**です。

書き方にもお作法があります

文章の書き方に注意
・相続人には『相続させる』
・相続人以外は『遺贈する』

遺言執行者を指定する
・あなたの遺言内容を実現する人
・相続人以外の第三者がよい
・非常に複雑な処理になる

共同遺言は無効
・夫婦連名の遺言は無効

加除、訂正は難しい
・加除、訂正は専門的知識が必要

書き方のお作法

次に、具体的な文章の書き方の注意点をあげます。

1 言葉のルール

相続人には「相続させる」、相続人以外には「遺贈する」と書くルールがあります。「○○（被相続人のフルネームです）は、息子の△△に全財産を相続させる」といった具合です。

息子さんであれば相続人なので、「相続させる」と書きます。お孫さんは一代飛んでいますので、相続人ではありません。だからお孫さんにあげたいときは、「遺贈する」と書きます。他の例では息子さんの「お嫁さん」。この方も相続人ではないので、「遺贈する」となります。

2 遺言執行者の指定

遺言内容を実現する人のことを遺言執行者といいます。例えば全財産を誰それにあげると書いていて、実際それを実現してくれる方、つまり、銀行に行き、その遺言書を持って預金の払い戻しをしてくれる、そういう方を選んでおく方がいいということです。

遺言執行者も、相続人以外の第三者で、司法書士やほかの専門職の人を選んでおくことをオススメします。非常に複雑な処理になるので、専門家のほうが手続がスムーズになります。

3 共同遺言は無効

例えば、夫婦連名の遺言は無効ということです。ご夫婦でセミナーや相談会に来られる方が多いですが、そのご夫婦、いくら仲がよくても、仲良く一枚の遺言書を書いてはいけません。一枚の紙に二人の遺言が連なっていたら、これは法律上無効となります。これを「共同遺言の禁止」といいます。何故かといいますと、お互いいろいろな意思が干渉されているのではないか?ということで、自由な意思が表現されているの？という疑問が出てくるからです。ご夫婦で書くにしても、一通ずつ別々に書くということに注意をしてください。

4　加除訂正は難しい

自筆証書遺言は、自分で書きます。全文自筆で書くので、どこか間違いが出てくるかもしれません。その時、単純に二重線をさっと引いて直すとか、そのような訂正は認められていません。訂正するときは、「5行目の何字削除、何字加入」と欄外に記入するとか、「ハンコを押す」などのルールがあります。法律が定めているルールに従って訂正してください。

しかし、このような訂正は難しいので、全文を書き直す方がよいと思われます。

自筆と公正証書はどちらがいいのか？

自筆証書遺言、公正証書遺言それぞれに特徴（メリット、デメリット）があります。
結局のところ、どちらがよいのでしょうか？

できれば、後々トラブルになりにくい「公正証書遺言」をオススメいたします。
公正証書遺言では、証人二人も立ち会いますし、法律のプロの公証人が作成します。あとで、相続人からクレームも出にくいのです。

遺言は、その人が亡くなった後に効力が発効します。ですので、無効になりにくい公正証書がベターです。亡くなった人に意思の確認には行けないですから。

また、こういう方法もあります。
まず、自筆証書遺言を作成しておく。その後、公正証書に作り替えるという方法です。

自筆のものなら、無効になる可能性はありますが、手軽に費用もかけずに書き始められます。まずは、自筆で練習を兼ねていまの想いを書く、また自身の身辺整理も兼ねてスタートする。年に一度遺言書の内容を見直すことも、自筆の遺言書ならやりやすいです。

その後、最終意思が固まったら、費用はかかるけれども、安全な公正証書遺言に切り替えるのです。

この順にされたらいかがでしょうか⁉

遺言書は家族への愛のメッセージ

遺言書には、主に財産の分け方を書いておきます。

遺言書に書くことは法律で決まっています。

1 相続分や遺産分割方法を指定する

誰にどれだけ相続させるか、何（不動産、預金など）を相続させるか、を書きます。

2 贈与や寄付について

相続人でない方に遺産を分けることもできます。長男は相続人ですが、長男の嫁は相続人ではありません。そういった、相続人でない方に遺産を分けたいときは、それを書きます。また、日本赤十字社や交通遺児支援団体などの団体に寄付することも可能です。

3 祭祀継承者の指定

墓守を定め、お墓や仏壇などを誰が引き継ぐのかを定めることです。

4 財団の設立ついて

遺産を分けるだけでなく、自分の死後に遺産を利用して、財団をつくることもできます。

5 後見人の指定

例えば、親が一人で未成年者を残して亡くなると、後見人がつきます。後見人は家庭裁判所が選びますが、信頼のおける後見人を、遺言書で指定することが可能です。

こうした法律で定められた遺産のこと以外に、遺言者が希望するいろいろな気持ちを書くことができます。これを「付言《ふげん》」といいます。

「付言」、いわば愛!? のメッセージとしては、例えば「私が亡くなっても妻(お母さん)が幸せに暮らせるように、兄弟3人で協力して面倒を見るように希望する」、「私はみんなと人生を歩めて幸せでした。私がいなくなっても家族で協力して元気に暮らしてください」とか、「次男に多くの財産を相続させることとしたのは、彼が知的障がいを抱えていることを考慮したからであり、長男への愛情の重さの違いではない。その点私の意思を尊重して、次男の面倒を見ることを切望する」というものがあるでしょう。

他に付言として、「葬儀や法要のやり方」「永代供養をお寺に依頼」「ペットの世話を第三者に依頼」「臓器提供の意思表示」「献体の希望」「尊厳死について」などを、書くこともあります。

付言には、法律的な力はないものの、遺言する方の最期の想いが書かれますので、遺族の心に訴える力は大きいものです。遺族にしっかり伝えるには、この付言も書くようにしましょう。

コラム

尊厳死とは、傷病により「不治かつ末期」になったときに、自分の意思で、現代の延命医療技術がもたらした過剰な延命措置を中止し、人間としての尊厳を保ちながら死を迎えることであるとされています。

実はこの「尊厳死」については、遺言の中で書くことはほとんどありません。遺言書は亡くなってからその内容を親族が知ることも多いため、一般的には遺言書とは別に、「尊厳死宣言公正証書」という書類を作成するケースが大半です。

③「相続」にかかわる税金のハナシ

相続税の基本的なしくみを知っておこう

皆様の中には、「お金もたくさんあるし、株もいっぱいあるし、相続税がどんなにかかるのか心配で仕方がない」という方もいらっしゃるでしょうか⁉

相続税には、「基礎控除」がありますので、全ての被相続人の財産に税金がかかるわけではありません。一定の金額以上の財産を残された場合にのみかかってくる税金です。

相続税の基礎控除
3000万円＋法定相続人一人あたり600万円（平成27年1月以降）

例　法定相続人３人／3000万円＋600万円×３人＝4800万円
被相続人の全ての財産を金銭にて評価する

①基礎控除以下の場合
課税なし

②基礎控除を超える場合
相続財産の分け方により相続税額が変わるケース
- 配偶者控除　●小規模宅地の特例　など

→相続税も相続財産の分け方に影響を与える要因になる

この基礎控除が平成27年1月から引き下げられました。それまで５０００万円＋法定相続人一人あたり１０００万円だったのが、平成27年1月から、３０００万円＋法定相続人一人あたり６００万円に引き下げられています。つまり平成27年より、より多くの方に相続税が課税されることになります。

例えば、お父さん・お母さんとお子さん二人という家庭でお父さんが亡くなられたときは、法定相続人はお母さんとお子さん二人の合計3人ですので、３０００万円＋６００万円×3人で、「４８００万円」。

これが基礎控除の額になります。

亡くなられた方の全ての財産をお金で評価して、この金額以下であれば相続税はかからないということです。この額を超えると相続税が絡んできます。

相続税率

金額	税率	控除額
1000万円以下	10%	−
1000万円超 3000万円以下	15%	50万円
3000万円超 5000万円以下	20%	200万円
5000万円超 1億円以下	30%	700万円
1億円超 2億円以下	40%	1700万円
2億円超 3億円以下	45%	2700万円
3億円超 6億円以下	50%	4200万円
6億円超	55%	7200万円

少し難しいのが、相続財産の分け方によって相続税の額が変わるケースです。

代表的な例として、「配偶者控除」があります。

簡単にいえば、配偶者の法定相続分もしくは1億6000万円のいずれか多い金額までは相続税を課さないというものです。あと他には「小規模宅地の特例」というものもあります。

亡くなった方のお住まいや、あるいは事業に使っていた「土地」については、税金を取ってしまうと、後に残された遺族の方が住めなくなったり、商売ができなくなったりするため、それについては相続税を非常に低くするという措置があります。

相続税の税率も確認してみましょう。56ページの図です。

１０００万円以下で税率10％から、最高税率は55％までの累進課税となっております。

贈与税の基本的なしくみを知っておこう

贈与税についても、これまた基礎控除があります。これはもらった人ベースになるのですが、「1年間（1月～12月）に贈与を受けた金額が１１０万円以下であれば、贈与税はかかりません」というルールになっています。

同じ年の間に、息子に３００万円を渡す、孫に５００万円を渡すということをすると、息子や孫は１１０万円より多くもらったことになりますので、その超えた金額に、贈与税がかかります。

それでは、左の図で贈与税の税率を見ていきましょう。

相続税と違って基礎控除の額も少ないです。１年間１１０万円以下です。

贈与税率

基礎控除後の金額	一般		20歳以上の子・孫	
	税率	控除額	税率	控除額
～200万円	10%	－	10%	－
～300万円	15%	10 万円	15%	10 万円
～400万円	20%	25 万円		
～600万円	30%	65 万円	20%	30 万円
～1000万円	40%	125 万円	30%	90 万円
～1500万円	45%	175 万円	40%	190 万円
～3000万円	50%	250 万円	45%	265 万円
～4500万円	55%	400 万円	50%	415 万円
4500万円超	55%	400 万円	55%	640 万円

２００万円までが10%。そこから刻みがありまして、４５００万円超になりますと、相続税と同じように55%、半分以上取られてしまう（納税する）ということになります。

ここで、贈与税の一番高い４５００万円というところに注目してください。これは、

贈与税…相続税を補完する税金
基礎控除…年間（1～12月）に贈与を受けた金額が 110 万円以下

（政策目的で）多くの特例が認められている
- 配偶者控除　内助の功への感謝
- 教育資金贈与、結婚・子育て資金贈与　若い世代への支援
- 住宅取得資金贈与　住宅取得支援

相続税でいいますと、低いほうから3番目のところになります。3000万～5000万円というゾーンで、税率は20％です。でも、贈与税では55％と、一番高い税率です。

つまり、贈与税についてイメージしていただきたいのは、相続税より重い税金が課せられているということです。

相続より贈与に重い税金を課すことによって、生前に全部贈与してしまって相続税を免れようとするのを防ぐというルールになっており、その意味で贈与税は相続税を補う税金といわれています。

また、贈与税にも多くの特例が認められています。

まずは、「**配偶者控除**」です。

これは婚姻生活が20年以上の夫婦間で不動産などを渡す場合には、優遇規定が設けられています。内助の功への感謝という意味合いです。

次に、「**教育資金の一括贈与**」や「**結婚・子育て資金の一括贈与**」というものもあります。

教育資金の一括贈与は、祖父母がお孫さんに、教育資金として最大1500万円をまとめて贈与する例があります。細かい条件はありますが、この特例を金融機関を通じておこなうと、祖父母が亡くなった後も教育資金として課税されることなく使うことができます。この教育資金には、学校の入学金や授業料のほか、塾などの教育に関するサービス費まで含まれ、多岐にわたります。

結婚・子育て資金の一括贈与は、非課税限度額は1000万円で、20歳以上50歳未満の子どもや孫が両親や祖父母から受けた結婚・子育て資金の贈与を対象とするものです。

あとは、「**住宅取得資金の贈与**」です。

20歳以上のお子さんやお孫さんなどの直系卑属が、ご自分の居住のための住宅を新築、取得、増改築等した場合、それを支援する目的の贈与については、１１０万円とは別に優遇規定が設けられています。

１億円の遺産なら、相続税は６３０万円

次に、実際に相続税をどのように計算するのか？ということを、数字で追いかけてみましょう。次ページの図をご覧ください。

図の上のほうから順に説明していきます。「遺産総額」というのがあります。これはプラスの財産、マイナスの財産、全てのものをイメージしてください。「非課税財産」、

数字で追いかけてみよう

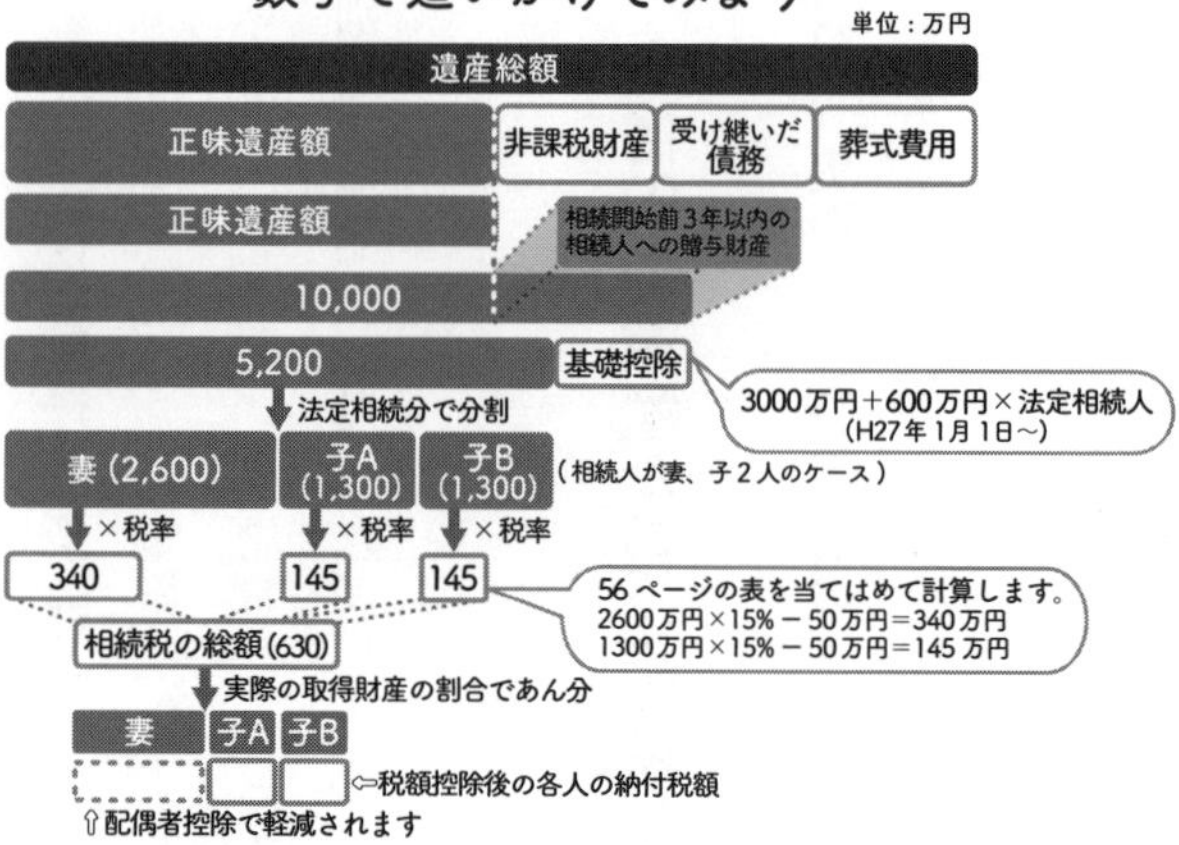

代表的なものはお墓や仏壇など祭祀に供するものです。次に、受け継いだ債務やお葬式の費用を差し引いて残った「正味遺産額」をベースに計算していくことになります。

この「正味遺産額」に対してプラスされるものがあります。

相続開始前3年以内の相続人への贈与財産です。

直近の3年間に、「相続人」である、奥さんやお子さんに贈与した資産については、足し戻しされます。ただ、その際に相続人が負担した贈与税は「贈与税額控除」として税額控除されます。

仮にこれらを差し引いたり、足し戻したりした額が1億円としましょう。ここからスタートします。

相続人が３人だとすると、基礎控除が４８００万円マイナスされ、残りは５２００万円になります。ちょうど図の真ん中のところです。

これを実際にどう分けるかは別として、税金の計算上は法定相続分（奥さん2分の1、長男・長女各4分の1）であん分して計算します。奥さんが２６００万円、お子さんが１３００万円ずつになりますので、それに税率をかけます。56ページの表を参照ください。

奥さんは２６００万円に15％をかけて50万円を引きます。お子さんの方はそれぞれ、１３００万に15％をかけて50万円を引きます。そうすると、奥さんの分が

３４０万円、お子さんの分が１４５万円になります。それを一旦足し合わせます。３４０万円＋１４５万円＋１４５万円で合計、６３０万円になります。

これが「相続税の総額」になります。

その相続税の総額を、実際の相続割合であん分します。

例えば、３人均等であれば相続税は２１０万円ずつですが、相続税にも配偶者控除があるので、奥さんの分は配偶者控除でゼロになります。長男一人で相続するのでしたら６３０万円丸々かかり、お子さん二人ですと、３１５万円ずつの負担という形になります。

「配偶者控除」で1億６０００万円まで非課税だから、配偶者が全部相続すれば相続税を払わなくていいのだと思われたかもしれません。

それは正しいのですが、少し考える必要もあります。

全部奥さんが相続してしまうと、奥さんが元々持っていた財産が多い場合には、奥さんが亡くなった際、お子さんの相続税負担が重くなる可能性があります。

まず、ご自身の総資産がいくらあるのか?その把握がまずベースになります。

その上で、相続人の人数と相続割合、そして一次相続、二次相続のことを考えて、少しでも税金のことを考えるようにしてみてください。

コラム

法定相続情報証明制度って？　平成29年5月29日スタート！

平成29年5月29日から、全国の登記所（法務局）において、各種相続手続きに利用することができる「法定相続情報証明制度」が開始されています。

これまで、不動産や預貯金、有価証券等の相続手続をする際、法務局や金融機関、証券会社ごとに、被相続人の出生から死亡までの戸籍謄本、相続人全員の戸籍謄本を揃えて提出する必要がありました。戸籍謄本の束を何度も窓口に提出するのは、相続人にとって大きな負担です。

「法定相続情報証明制度」を利用すると、戸籍謄本等の提出が原則不要になります。法務局に戸籍謄本等と相続関係を一覧に表した図（法定相続情報一覧図）を提出すると、その一覧図に認証文を付した写しが無料で交付されますので、これを戸籍謄本等に代えて各機関へ提出します。法定相続情報一覧図は法務局に5年間保存されていますので、この間であれば再交付を受けることができます。

　もっとも、一度は法務局に戸籍謄本等を提出する必要がありますので、戸籍謄本を収集する手間自体が省けるわけではありません。また、法定相続情報一覧図を自身で作成する必要があり、提出先が少ない方にとっては、かえって負担が増える可能性もあります。提出先が多数ある場合や、戸籍謄本を収集したものの、各機関へ提出するまでに時間がかかる場合（提出先によっては、戸籍謄本等の有効期限が定められています）など、メリットがある場合に利用を検討するとよいでしょう。

第2章
相続するあなたが知っておくべき相続の基本

相続のこと、遺言書をつくるには様々なルールがあることは、何となくイメージしていただけたでしょうか。

では実際、これらの準備はどのようにしていけばいいでしょうか？

人が亡くなるとどんな手続きが必要になるのか。ここでは、具体的に必要な行動について紹介していきます。

① ポイントとなる日付

「この度、父が亡くなり相続が発生しました。相続開始から相続税申告・納税までのスケジュールは？」

人が亡くなった後の手続きには、ポイントとなる日付があります。それが「当日」「3か月以内」「4か月以内」「10か月以内」です。まずは時系列で見ていきましょう。

当日

人が亡くなった際、最初に発行してもらうのが「**死亡診断書**」です。これがないと全ての手続きが始まりません。病院や施設で亡くなった場合は、その場で医師を呼んでもらえますが、自宅で亡くなった場合は、事件性がないことを確認するために、警察に通報する必要があります。現実的には、「様子がおかしいな」と思ったらまずは救急車を呼び、救急隊員が死亡を確認した後に、警察を呼ぶことになります。警察が来て現場検証が終わるまでは、そこからご遺体を動かしてはいけません。死亡診断書は、警察の検視官またはかかりつけの医師が発行することになります。

その後、市区町村の役場に死亡届を提出します。死亡届が受理されると、代わりに「**火葬許可証**」が発行されます。それと同時に、葬儀会社に連絡をして葬儀の段取りを組みます。葬儀までに必要な準備や親族・友人などへの連絡については、葬儀の種類や宗教、葬儀を行うことができる日程などによって異なります。まずは落ち着いて、「いつまでに何が必要か」を葬儀会社の方とよく相談することが大切です。

葬儀に関わること以外でいえば、「金融機関への届出」「年金の停止」「健康保険の各種届出」「公共料金の解約・名義変更」などが必要になります。特に金融機関の届出については、本来であれば速やかに行うべきですが、葬儀費用の支払いなどの関係で、ある程度たってから届け出を行う方もいるようです。ただしこの場合も、相続財産が変わるわけではないので、相続分配を行うときには死亡時の残高を確認する必要があります。

（詳しくは第3章で説明しています）

3か月以内

「3か月以内」は、「**相続の放棄**」の期限です。

ここでポイントとなるのは2点。

まず、いつから3か月かということです。これは（被相続人が亡くなった時ではなく）「相続の開始があったことを知った時から」になります。

もう一つのポイントは、相続する財産には、「債務も含まれる」ということです。それなりの財産があると思って相続をする気でいたら、実はそれ以上に借金もあったというケースもありますので、注意が必要です。

相続放棄は、相続人一人ひとりが家庭裁判所において手続きを行うことになっています。司法書士が提出書類を作成することもできます。

4か月以内

「4か月以内」は所得税の「**準確定申告**」の申告期限です。

企業に勤めていたり、事業を行っていたりして収入がある方はもちろん、家賃収入がある方や医療費が多くて、通常であれば確定申告で還付金がもらえるような方も対象になります。

準確定申告とは、亡くなった方の代わりに、その年の1月1日から亡くなった日までに得た所得を計算して、相続人が確定申告を行うことをいいます。基本的には、一般の確定申告の用紙に、「準」と書き加えて使用できます。申告先は、亡くなった方の住所地にある税務署になります。また相続人が複数いる場合は、全員の連名で行うか、代表者が他の相続人に準確定申告の内容を通知しなければならないというルールもありますので、ご注意ください。

10か月以内

「10か月以内」は、「**相続税申告**」の申告期限です。

被相続人の住所地を管轄する税務署に対して、申告書類と相続人全員分の必要な書類を揃えて提出する必要があります。

10か月というと随分先だと感じる方もいるかもしれませんが、一周忌よりも前、四十九日が済んでからはあっという間です。また相続人の方が遠方や海外にいる場合は、書類を揃えるのに時間がかかることもあります。さらに「まだ遺産分割協議中です」といっても税務署は待ってはくれません。当然、申告とともに相続税の納付も求められますので、余裕をもって取り組むか、「時間はそんなにない」と思っておいていただく方がいいでしょう。

② 遺産分割の登場人物

遺産相続を行う場合には、まず「誰が相続人であるか」を確定しておく必要があります。そのために間違いのない方法は「**被相続人の戸籍謄本を出生までたどる**」ことです。家族と相続人が一致する場合が大半ですが、時々、以前の配偶者との間の子どもなどが見つかることもあります。

相続人の居場所がわかったら、その方が相続人であること、相続するにしても相続放棄をするにしても、その手続きが必要であることを伝えなければなりません。まずは電話や手紙などで連絡するのが一般的で、その際の文面や必要な書類の集め方などについては、弁護士や司法書士などがアドバイスします。

相続人の居場所がわからない

住民票に記載されている住所に不在であるなど、万一相続人の居場所がわからない場合でも、家庭裁判所に「**不在者財産管理人**」の選任申立という手続きを行った上で、相続配分を行うことができます。ただしその場合でも、裁判所が選任する不在者財産管理人（司法書士や親族であることが一般的です）の立会いのもと、行方不明者の相続分を留保しておく必要があります。

相続人が海外にいる

相続人が海外にいる場合でも、該当者を交えた書類の作成が必要になります。日本と海外で大きく異なるのは、海外には印鑑登録証明制度がなかったり、印鑑を使う文化がない国があるということです。その場合は、その国で発行されるサイン証明書（日本の印鑑証明に該当するもの）などが必要となります。

相続人が未成年、または認知症

相続人が未成年の場合には、「**特別代理人**」が必要となります。特別代理人には、裁判所が認定したまったくの第三者（弁護士や司法書士などが一般的）か、存命の場合は祖父または祖母が認定されることもあります。

その他のケースとして考えられるのは、相続人が認知症を発症していた場合です。この場合は、「**後見人制度**」というものを利用して後見人を立て、その人が代理を務めます（後見人については、第5章で詳しく説明します）。

3 相続財産になるモノ、ならないモノ

相続が発生したときに、被相続人が持っていた財産でも、相続税の計算上、課税されない財産があります。では、相続財産にはどんなものが含まれるのでしょうか。

一言でいえば、「有形無形を問わず、換金性のあるもの」ということができます。わかりやすいところでいえば、現金（預貯金を含む）、土地、建物、有価証券（株・投資信託・国債・社債など）、自動車、家財、宝石、貴金属、骨董品、美術品、生命保険、ゴルフ場の会員権などが挙げられます。

ここで注意していただきたいことが2点。

「例外がある」ことと、「債務も負の財産になる」ことです。

「例外」、つまり相続財産にならないモノ、それはお墓です。

民法８９７条に「系譜・祭具及び墳墓などの所有権は、祖先の祭祀を主宰すべき者が承継し、相続の対象にはならない」とあります。それを受けて相続税法12条でも非課税財産と定められています。噛み砕いていうと、「墓地や墓石、墓碑などは、家系を継ぐため必要なので、相続財産の対象にはならない」ということです。そのため、最近増えている「生前に自分のお墓を用意する」ことは、税金対策としても一定の効果があるともいえます。

「債務」、これはいわゆる借金のことです。これも相続財産として、相続を放棄しない限り、相続人に引き継がれていきます。「現金や土地は欲しいけど、借金はいらない」誰でもそう考えると思いますが、そんな虫のいい話はありません。被相続人に債務がある限り、相続を放棄しなければ、これらも相続することになります。

④ 準備しておくべき「相続4点セット」

相続を始めるために最低限必要な4点セットがあります。まずは人に関わる「**戸籍謄本**」と「**住民票**」、そして財産に関わる「**不動産登記事項証明書**」と「**固定資産評価証明書**」です。弁護士や司法書士に相談に行く際には、これらが揃っていると話がたいへんスムーズです。順番に説明していきます。

戸籍謄本

被相続人と相続人全員の分が必要です。手順としては、最初に被相続人の出生から死亡までの分を確認することで、そこから相続人になる子どもが何人いるのか正式な数がわかります。手始めに、被相続人が死亡時に本籍を置いていた市区町村役場に出向いて、相続の手続きに必要な戸籍謄本がほしいことを伝えます。もしその場所で戸籍謄本が揃わない場合は、一つ前の本籍地を教えてもらえるので、またそこの役場に問い合わせます。それを繰り返すことで、被相続人の完全な戸籍謄本を手に入れることができます。戸籍謄本からわかるのは、被相続人の子どもたちがどこに本籍があるのか、結婚しているのか、子どもはいるのかなど、誰が相続人になるのかということです。

戸籍謄本は本籍地から取り寄せる必要があるので時間がかかる場合があります。

住民票

これにより現住所がわかります。これも被相続人と相続人全員の分が必要です。

これら2つの書類が揃うことで「誰が相続人で、どこにいるのか」がわかります。相続人の中に遠方の方や高齢者の方、未成年の方がいると手続きに時間がかかることがあるため、なるべく早い段階で把握しておくことが大切です。

これまで私が担当させていただいた事例では、最大で30名ほど相続人がいたことがありました。その時は、それぞれの方の居住地もバラバラで時間もなかったため、書類に印鑑を捺していただくためだけに新幹線に乗って大阪・京都から東京までお伺いしたこともあります。

不動産登記事項証明書と固定資産評価証明書

相続人について調べると同時に、財産についても洗い出す必要があります。

財産に関しては現金や通帳などももちろん必要ですが、一般的に一番金額が大きくてトラブルにもなりやすいのが土地に関することです。

そのためここでは土地のことが分かる書類ということで、「不動産登記事項証明書」と「固定資産評価証明書」が必要となります。

「不動産登記事項証明書」では、その人がどこにどれくらいの土地を持っているのか、「固定資産評価証明書」ではその土地がどれくらいの価値があるのかを正確に知ることができます。


そしてあえて最後にいいますが、何よりも「遺言書」の存在を確認することは、相続人にとって、とても重要です。遺言書がない状態で遺産分配の手続きを進めていくうちに遺言書が見つかり、それまで穏便に進んでいた話し合いが、急にこじれだした…という例もあります。

そういった意味でも、遺言書をつくる際には、しかるべき手順を踏んで、その存在とどこにあるのかを、しっかりと伝えておくことは、最優先といってもいいくらい重要です。

5 相続に困ったときの相談先は?

死亡診断書や金融機関への届出、公共料金の解約・名義変更くらいであれば自分でできる方が大半だと思いますが、税金や不動産、財産に関わる部分は、専門家の力を借りた方がスムーズに進むことは間違いありません。

この場合の専門家とは、「弁護士」「司法書士」「行政書士」「税理士」といった職業の人たちです。これらの職業には、法律で定められた業務範囲や得意分野があります。

それらについて簡単に説明します。

弁護士

弁護士の得意分野は、紛争解決と交渉です。当人同士の話し合いで決着が付かない場合は、司法にその判断を委ねることになります（訴訟・裁判）。裁判では弁護士が当人の代理人として交渉にあたることが可能です。これは相続に関する問題解決でも同じです。

司法書士

司法書士の得意分野は、不動産や法人の登記や訴訟に関わるような書類の作成から提出です。遺産相続の場合では、土地や建物の相続や名義変更が必要な際には、司法書士に相談をするのがよいでしょう。

行政書士

行政書士の得意分野も書類作成ですが、司法書士との違いは書類の提出先が異なることです。行政書士は主に、国や県、市町村などへの提出書類を作成できます。遺産相続においては、主に、遺産分割協議書の作成や、戸籍謄本、除籍謄本などを集めて相続関係説明図を作成します。

税理士

税理士はその名の通り、税金に関する業務を専門で行います。遺産相続でいえば、相続税の申告業務は、税理士しか代行できません。

補足ですが、遺産相続については個人の得意・不得意によるところが大きいのも事実です。極端な話、有名な人だからといって、遺産相続に詳しいとは限りません。そういった意味では、遺産相続でこれらの職業の方に依頼をする際には、「遺産相続での経験がどれくらいあるか」を確かめておくほうがよいでしょう。

またこれらの専門家に業務を依頼する際には、相応の費用が必要です。例えば一般的にこの中では、弁護士が裁判をするときが、一番コストがかかります。司法書士の手数料は低めですが、不動産の名義変更の際に登録免許税という国税を支払います。その国税を踏まえた費用を考えると、中程度の価格帯になるでしょうか。行政書士の書類作成は、遺産分割協議書なら５～７万円くらいが相場です。税理士は、相続税の申告をする際に、遺産の１～２％を報酬額としています。また最近では、定額で50～70万円と設定している税理士事務所もあります。

ご自分で会社や事業をされている方であれば、これらの職業のどなたかとお付き合いがあるはずなので、まずはそこに相談するのが一番早いかと思われます。これらの職業同士は横のつながりもあるため、例えば、「馴染みの税理士さんに相談して、弁護士を紹介してもらう」という方法もあります。それ以外の方も、可能であれば、どなたかのご紹介があった方が、多少なりとも相手の人となりがわかって安心できるでしょう。

これまでこういった職業の方とまったくお付き合いがないという方であれば、電話帳や看板、チラシ、インターネットで検索して連絡を取っていただくことになります。広告で見つけることができるのは、個人、法人の事務所の他、各地域や業界が運営している団体が窓口になっているところもあります。そういった窓口を利用するのも分かりやすくていい方法です。

もっと気軽に知り合っておきたい、という方であれば、司法書士や行政書士、銀行、保険会社などが主催する「相続セミナー」や「無料相談会」などに参加して、あたりをつけておくのもいいかもしれません。

6 相続税がわかる4つのポイント

ここで相続税のポイントを確認しておきましょう。

基礎控除の減額

3000万円+600万円×法定相続人の人数の金額までは、相続税がかかりません。この基礎控除は従来、5000万円+1000万円×法定相続人の人数でしたが、平成27年1月から引き下げられました。

配偶者控除

配偶者が相続した場合は、「配偶者の法定相続分相当額」か「1億6０００万円」のどちらか多い金額までは相続税がかかりません。

小規模住宅の特例

被相続人と生活や家計を一緒にする家族の住居や事業用の宅地については、一定の要件を満たした場合において、その評価額が最大80％まで減額されることがあります。

例：評価額1億円の宅地を、２０００万円として評価する。

生前贈与

一般的な贈与税の基礎控除は年間１１０万円までですが、「配偶者控除」「教育資金の贈与」「結婚・子育て資金の贈与」「住宅取得資金の贈与」など、用途によって控除額が拡大するケースがあります。

法律が変わることで、「今まで相続税がかかる予定がなかった人が、相続税がかかるようになってしまう」というケースもあるので、注意が必要です。
相続する段階になって慌てることがないように、日頃からニュースなどに注意していただく他、定期的に「相続セミナー」などに出席をすることで、自分の持っている情報を常に最新のものにしておくことをオススメします。

コラム

平成28年12月に、「遺産の預貯金の引き下し」についての判例変更があり、遺産分割を行う際の基準が変わりました。被相続人の銀行口座凍結後、これまでは遺産分割の協議中でも相続人が金融機関に「法定相続分の預貯金の引き下し」を請求すると、金融機関は遺産分割協議書や遺言書がなくても支払いに応じているケースがありましたが、新しい判例では「預貯金も遺産分割の対象とした」ことから、今後は遺産分割協議が合意に至らない限りはそれに応じない可能性が高まりました。これにより生前に用意された遺言書の重要性が、より増すことになったといえます。

第3章

被相続人が亡くなった後の具体的な手続き

1 早めに行うべき手続き

亡くなるとまず「死亡診断書」が必要ですよ、と前章でお伝えしました。それをもって市区町村役場に「死亡届」を申請すると、火葬に必要な「火葬許可証」が発行されます。早ければ亡くなったその日に通夜。翌日には葬儀を行って、火葬となります。火葬後には「埋葬許可証」が発行されるので、これをお墓にもっていって初めて、遺骨を納めることができます。慌しい時間の中、悲しんでいる余裕もないかと思います。一方で、手続きが色々あったおかげで気がまぎれ、悲しみを受け入れる心の準備ができたという方もいらっしゃいます。

本来であれば、葬儀も終わって故人を偲びたいところですが、前章でもご紹介したように、最低限、速やかに行わなければならない手続きがいくつかあります。「国民健康保険・後期高齢者医療保険」「国民年金」「公共料金」「金融機関」「各種契約」などに関連するものです。なお、これらの手続きには、「故人の除籍謄本」や「手続きする方の戸籍謄本（故人との関係を明らかにするため）」「手続きをする方の印鑑証明書」などが必要になることもありますので、書類を発行してもらう際はあらかじめ複数枚を用意しておくと、二度手間三度手間になりません。どこかで「〇〇という書類が必要です」といわれたら、他の手続きの際にも同じ書類が必要になることがある、ということも覚えておいてください。こちらも順番に説明しましょう。

国民健康保険・後期高齢者医療保険

国民健康保険・後期高齢者医療保険からは葬祭費が支給されます。支給額は、市区町村ごとに異なりますが、１～７万円程度です。市区町村役場に足を運んだら、こちらの窓口でも手続きを忘れずに行ってください。また、会社にお勤めされていた場合は、全国健康保険協会から埋葬料（埋葬費）が支給され、健康保険組合によっては、埋葬料とは別に付加金が支給されるところもあります。

国民年金

国民年金については、最寄りの年金事務所での手続きになります。ご遺族が「遺族基礎年金」「寡婦年金」「死亡一時金」のいずれかを受給できます。いずれに該当するかは、お子様の有無や年齢、配偶者の年収、国民年金への加入年数等の状況によって異なります。また、厚生年金や共済年金でも「遺族厚生年金」「遺族共済年金」等が受給できる場合もあります。

公共料金

公共料金は、金融機関の口座が凍結されてしまうと使用料の引き落としができなくなり、電気・ガス・水道などが止まってしまうため、特に一緒にお住まいだった方は、早めの名義変更が必要です。こちらは新しい契約者や請求書のあて先、新しい引き落とし口座などを登録するだけですので、比較的簡単に変更することができます。

死亡にともなう各種の届出

	届出先（提出期限など）	必要なもの
国民健康保険	死亡者の住所地の市区町村役の福祉課など（期限：速やかに）	健康保険証、除籍謄本など
国民年金	社会保険事務所、または市区町村の国民年金課（期限：１４日以内）	年金受給権者死亡届、年金証書または、除籍謄本など
電気	電力会社（名義変更手続）（期限：速やかに）	契約番号などがわかる書類、その他は問い合わせが必要です
ガス	ガス会社（名義変更手続）（期限：速やかに）	契約番号などがわかる書類、その他は問い合わせが必要です
水道	水道局（期限：速やかに）	問い合わせが必要です
電話	ＮＴＴなど（期限：速やかに）	加入等承継・改称届出書、被相続人および相続人の戸籍謄本、相続人の印鑑証明書
携帯電話	携帯電話会社（期限：速やかに）	除籍謄本・身分証明書など。利用代金の残額がある場合には精算します。
インターネット	プロバイダー（期限：速やかに）	契約番号などがわかる書類
銀行	口座がある銀行の最寄の窓口	名義変更依頼書、被相続人の戸籍謄本、除籍謄本、改製原戸籍謄本、相続人全員の戸籍謄本、印鑑証明書、遺産分割協議書、通帳
クレジットカード	各クレジットカード会社（期限：３か月以内を目途に）	必要書類なし（親族が電話にて解約が可能。解約手続き書類を送ってもらう。）

各種契約

ここでの各種契約とは、故人がお仕事や趣味などで利用していた様々なサービスのことをさします。最近であればインターネットや携帯電話・クレジットカードなどが多いです。知らないうちに月会費や年会費が引き落とされていることもありますが、たいていの場合は、預金通帳の記帳をしていただいて、1~2年くらいをさかのぼって調べることで、手続きの必要な契約がないか確認することができます。解約に必要な書類などはサービスによって異なりますので、少し面倒ですが一つひとつの問い合わせ先に連絡をして、それに合わせた対応をしてください。

② 遺産分割協議　～遺言書はある？～

各種手続きと同時に始める必要があるのが、遺産をどうするかという問題です。まず確認していただきたいのが、「遺言書があるかどうか」ということ。遺言書に遺産の分配について書いてあって、それにすべて相続人が納得することができれば、ここからの手続きはスムーズにいきます。

第2章でもお伝えしたように、遺産にも財産と負債の両方があります。相続を放棄する場合には、家庭裁判所への申述が必要です。

特に負債の方が大きい時に、注意していただきたいのは、自分が相続を放棄すると、次の相続権がある方に負債の責任がかかってくること。全員が相続権を放棄すれば、それ以上追求されることはありませんので、事前に皆さんでよく話し合っておいたほうが、無駄なもめごとが起こりません。

「相続の放棄」の期限は、「相続の開始があったことを知った時から3か月」です。ただ、３か月経って借金が判明する場合もあります。この場合でも、相続放棄ができることがありますので、慌てる必要はありません。

遺言書がなければ、相続人で「遺産分割協議」をしなければなりません。極端な話、遺言書がなくても一人の相続人がすべての遺産を相続することもできます。この場合も、相続人全員が話し合いに納得ができれば、それ以上の手続きは必要ありません。

私の経験上、相続でもめやすいのは財産に現金・預金だけでなく不動産がある場合や、相続人の全員が近くに住んでいない場合、相続人の配偶者などが強い発言力を持っている場合などです。いずれの場合も、もめごとを事前に回避するのは難しいことが多いので、自分の意見はしっかりと伝えながらも、相手の立場や意見にも耳を傾け、みんなが納得できる方向にまとめていくことが大切です。

③ 不動産の名義変更　～権利証が見つからない！～

「家中を探したけど、父の権利証が見つかりません。どうしたらいいのですか？」

遺産相続の際に、時々こういったご相談を受けるのですが、結論から申し上げると「遺産相続で不動産の名義変更を行う場合は、不動産の権利証は不要」です。不動産の権利証とは、その不動産の権利を所有している証拠になりますので、亡くなった時点でその権利は消滅している（空・カラの権利証なんていったりします）ことになります。権利は自動的に相続人に移動していますので、相続の話がまとまって新たな相続人が決まってから、また改めて発行してもらうことができます。

土地の名義を変更するのに必要なのは、相続人が決まったという「遺産分割協議書」（司法書士などが作成します）と、「不動産登記事項証明書」と「固定資産評価証明書」、被相続人の出生から死亡までの「戸籍謄本」、相続する方の「住民票」、相続人全員の「戸籍謄本」「印鑑証明書」などになります。またこれらの手続きを司法書士などに頼む場合は、「委任状」も必要となります。

ただし、ここでも注意してもらいたいことが1点！

不動産登記事項証明書に記載されている故人の住所と、亡くなったときの住所が異なっている場合は、法務局の確認に不動産の権利証が必要になる場合もあります。

例えば、自分で買った土地に家を建てて住んでいる場合は問題ありませんが、遠くの不動産を買ったり、不動産を購入した後に転居を繰り返している場合などは、不動産の権利証があったほうが、権利の有無の確認がスムーズに行えます。

4 預貯金口座の「凍結」～預金口座はどうすればいい？～

第2章でも出てきた預貯金口座の凍結ですが、これは亡くなったら自動的に凍結されるわけではありません。あくまでも申告制になります。ただし、著名人や地域の名士などであれば、親族が申告しなくても、自然と伝わる可能性は十分にあります。一方、一般の方であれば、親族が申告するか、知り合い・友人などがその銀行に勤めていない限り、その方が亡くなったことを、銀行が知ることはほぼないともいえます。

口座凍結後は、預貯金の引き出しや定期預金の解約、公共料金などの引き落としが全てできなくなります。取り急ぎ必要になりそうなのは、葬儀費用でしょうか。事前にそれくらいの引き出しなら大丈夫かと思いますが、不用意に多額の現金を引き出してしまうと、財産を隠したとみなされて罰せられたり、遺産分割協議のとき親族間でもめたりすることがあるので、注意が必要です。

5 相続した不動産を売却したい〜不動産はすぐに売れるの？〜

「父から相続した不動産を売ってお金に換えたいのですが、今すぐ不動産屋さんに頼んでよいでしょうか？」

これもよく聞かれる事例です。結論からいいますと、「名義変更をしなければ、売却することはできません」。

故人が不動産を所有していた場合、亡くなった時点で所有権は相続人に移っています。ですので、不動産を売却したいのであれば、まずは相続人を決め、登記記録の名義を変更する必要があります。

この場合も、相続する権利がある人が多い場合は、全員の承諾を得るために時間がかかりますし、承諾を経てから書類をつくり、登記記録の変更が終了するまでには、1か月くらいは必要だと思っていたほうがいいでしょう。

「とりあえず一人の名義にして、現金に換えてしまってからみんなで分配したい」という意見もあるかもしれませんが、これもあまりオススメはしません。理由は、まずはその旨（一人の名義にして売却後、分配する）の遺産分割協議書をつくらなければいけないこと。全員の承諾を取るという同じ手間をかけるのであれば、全員の名義にしておいた方が、後々のトラブルがなくてすみます。いったん一人の名義にして売却し、金銭を他の相続人に「渡す」のであれば贈与税の課税リスクもあるでしょう。

またここでもう一つ注意していただきたいのが、不動産の売却には手数料と税金がかかるということです。例えば、不動産を3000万円で売ることができても、手数料と税金（※1）を差し引くと、手元に残るのは6割～6割5分くらい。3000万円を3人で分けて1000万円ずつのつもりでいても、実際には600～650万円くらいにしかなりません。不動産はすぐに売却せず、誰かの家を建てたり、売却をするにしてもいいタイミングを待つ…というのも一つの方法です。

※1　所得税の特例を一切適用できず、また、不動産を購入した時の取得価格が不明な場合を念頭においていいます。この場合に、譲渡益に所得税と住民税あわせて20・315％（短期譲渡の場合は、39・63％）の税金が課されます。

6

配偶者の相続
～配偶者が相続すると相続税が安くなる？～

第1章でご紹介した、「配偶者控除」も節税に利用することができます。具体的には、左の図の計算式のようになります。

Ⓐ 一次相続（一億円）

Ⓑ 一次相続（一億円）

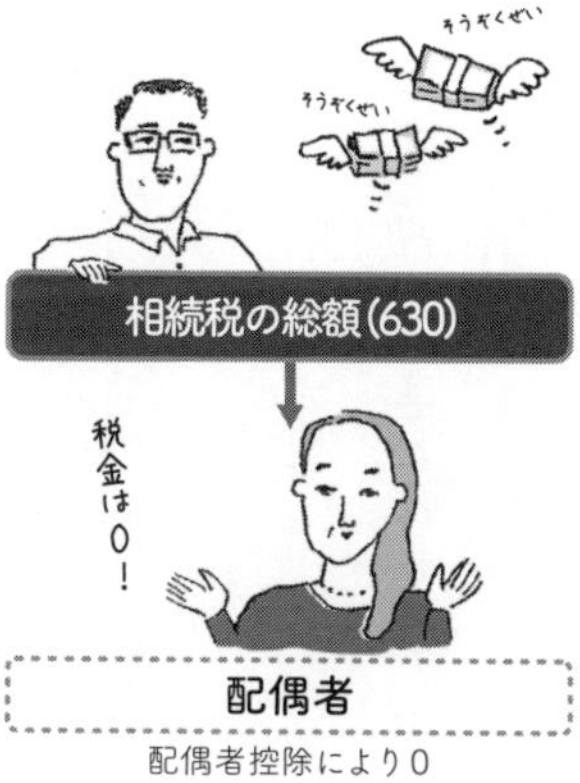

図Ⓐの一次相続では、相続税の総額が630万円で、納税額は子ども二人で315万円。図Ⓑの一次相続では、相続税の総額が630万円で、納税額は、配偶者控除により0円となります。

ただここで注意しなければいけないのは、前図Ⓑ、一次相続のときに配偶者だけが相続した場合、つまり配偶者控除により、一次相続のときに納税しない場合です。今回一人で相続をした配偶者が、将来亡くなったときに注意が必要なのです。

その場合、可能性として高いのは、残された二人の子が相続をすることです（二次相続といいます）。この時には、配偶者控除が使えません。

配偶者がもともと保有していた財産に、相続した財産が加わります。年金等の収入により財産は増えるでしょうし、生活費や医療費等で財産は減るでしょう。

仮に配偶者死亡時の財産が相続した財産と同じ1億円としましょう。ここから基礎控除（3000万円+600万円×2名）を引いた5800万円に相続税が課せられます。そして相続税の総額は、左の図©のように子ども二人で770万円となります。

© 二次相続（一億円）

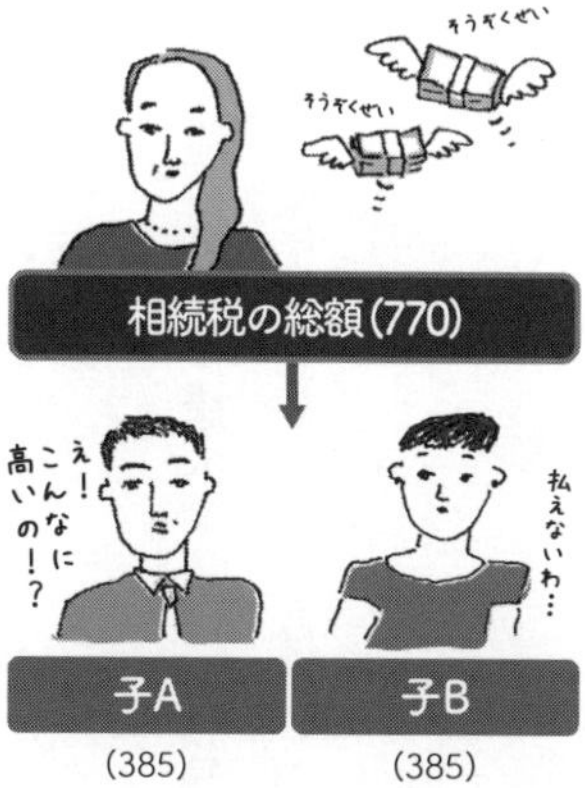

この数字だけでは一概にいえませんが、配偶者控除を使ったほうがいいのか、使わないのかは、二次相続まで考えて決めた方がよさそうです。

また二次相続で節税を行うために、最初の相続のときに配偶者控除を使い、不動産などを購入する方法もあります。ちなみに一時期、タワーマンションによる節税が人気となったことがありました。タワーマンションの上層階は特に時価と相続税法上の評価額のかい離が大きいからです。但し、平成29年の税制改正により高層階部分の固定資産税評価が引き上げられることになり、一定のブレーキがかかっています。

一般的に、不動産の時価（購入額）は、相続税法上の評価額（土地は原則として路線価、建物は固定資産税評価額）よりも高いので、不動産の購入は一定の節税効果はあるといえます。

第4章
相続の9割は「遺言書」で決まる

①なぜお金持ちは相続でもめないのか

第1章でもお伝えしたように、家庭裁判所で調停等により遺産分割をしたケースの7割以上は、遺産総額が5000万円以下。さらに約3割が遺産総額1000万円以下の案件です。単純に、「お金持ちほどもめていない」という現実があります。それはなぜでしょうか?

実はそういった人たちほど、日ごろから万一の時のことを想定して、顧問税理士に相談していたり、金融機関などのセミナーで相続に関する情報をいち早く取り入れているからなのです。

遺産相続の際には様々なトラブルが起こりがち。それをなるべく防ぐためには、相続についての正しい知識と準備が必要だということは分かっていただけたかと思います。

でも、「いきなり遺言を書くのもな…」「家族に財産の話もしづらいし…」という方も多いことでしょう。では具体的にどんな準備をすればいいか。単純なことですが、まずは「やりやすそうなことから始めてみる」「自分が相続について考えていることを、何となくでも家族に知ってもらう」というのがいいかと思います。

具体的には、本書のような本を買って自室やリビングなどにそれとなく置いておくだけでもいいでしょうし、新聞や雑誌・銀行・保険会社などが主催している「相続」や「終活（「しゅうかつ」と読みます）」などのセミナーにぜひ参加してみてください。

セミナーについても、一回で全てのことを網羅しているセミナーというのは少ないですし、法律の話などは一度聞いただけでは覚えられないことも多いでしょう。ですから機会があれば、いろいろなセミナーに何回か足を運んでもらうのがよいかと思います。例えば、最初は一人で行って、二回目は奥さんやご主人と行く。同年代のお友達を誘うのもいいでしょう。普段は友達同士で遺産の話もしにくいでしょうが、これをきっかけにちょっと話してみるだけでも、お友達の中に意外に相続に詳しい人がいるなど、新しい発見があるかもしれません。

セミナーで話す人も、法律に詳しい弁護士・司法書士や行政書士、税金に詳しい税理士、保険に詳しいファイナンシャルプランナーといろいろです。それぞれ話す視点が違っているので、聞き比べてみるといいです。専門家の人に会う機会があれば、分からないことも聞きやすいでしょうし、いざという時の人脈づくりにもなります。

弁護士・司法書士・行政書士・税理士・ファイナンシャルプランナーは、おもに書類をつくり手続きをする（契約をする）ことが仕事です。簡単な質問であれば、無料の士業も多いので、電話やホームページで確認するのがよいでしょう。

② どんな場合に、遺言をしておくとよいのか

相続でもめるのは、お金持ちだからではありません。個人的には、全ての方に遺言を書いておいていただきたいくらいなのですが、特にこんな方は…という場合をいくつかご紹介させていただきます。

ケース２　「孫に財産をあげたい」

孫、息子の嫁、甥、姪、内縁関係にある方、友人など、法定相続人としての権利がない方に財産を渡したい方。将来の教育資金や、お世話をしてくれたお礼、その方の将来のために使ってほしい…など、渡したい理由はいろいろ考えられると思います。そういった方は、すぐにでも遺言の準備をされることをオススメします。

ただし、法定相続人が何名かいる中で、これらの方に全部譲ってしまうのは、それもめる原因になります。法定相続人の権利は守ってあげた上で、これらの方「にも」財産を譲る…という形にしておいたほうが、受け取る側も素直に喜べると思います。

ケース3 **「行方不明の息子にも財産を残したい」**

行方不明の法定相続人や以前の配偶者との間に息子さん・娘さんがいる方も、「誰に何を残す」ということは、はっきりと遺言として記しておいたほうがいいです。それまで音信不通であっても、法律上の相続権がある限り、勝手に相続人から外すことはできません。それまでまったく連絡を取っていなかったのに、亡くなって急に現れて相続権を主張するというのも、十分にあり得る話です。

ケース4 **「財産を子どもたちそれぞれに指定して残したい」**

法定相続人が何人かいて、その内の何人かと同居している方。この場合、遺言がなく遺産分割協議をすることになった場合、遺産を分配するために住居を手放す必要が生じるかもしれません。それを防ぐために例えば、「不動産は〇〇へ、預貯金は△△へ」として、さらに遺留分対策（遺留分についての説明は、この章の終わりで行います）としての現金も用意しておいたほうが、残された方が住むところに困らないということも考えられます。

ケース5　「相続させる人がいない」

独身の方や親族も亡くなって身寄りがない方。最近では、お世話になった街や団体、交通遺児や養護施設などに寄付をする方も増えています。実際に私も何件か対応させていただいたことがあります。単純に国に納めるよりも、お金の使われ方がはっきりしているのでいいという方も多いです。

3 遺言こそが、最強の相続対策だ！

遺言書があれば話し合いは不要になります。また親の最後のメッセージは無視できないものです。遺言書は、多かれ少なかれそれぞれの想いをもって残すもの。遺言書を残す際には、単に財産の行方を指定するだけでなく、その「想い」も合わせて残しておくほうが、相続人としても納得がいくというものです。第1章でお伝えした、「付言」にあたる部分です。

「想いを残す」といっても、難しく考える必要はありません。「生前よくしてもらった感謝の気持ち」や「兄弟・姉妹で仲よくしてほしい気持ち」、「世の中に対して、こういうことを考えています」というものでよいのです。自分の想いをしっかりと残すことは、故人から残された方への、最後のメッセージだということもできます。常識的な感覚のある方であれば、それを無碍にすることはできないのではないでしょうか。

またあらかじめ遺言書をつくっておき、それを事前にみんなの前で公開するというのも一つの方法です。亡くなる方としては、残される人に争ってほしいと思う人はいないと思います。亡くなったあとにいろいろな人が出てきてあれこれいう位であれば、最後の意志として「自分はこうこうこういう想いから、こうしたい」と伝えることで無駄な争いが防げるのであれば、それも遺言の有効な使い方の一つです。

④「その遺言書、無効です！」

今時は、パソコンやワープロで文章を作成する方も多いと思いますが、現時点（平成30年1月）では、それは遺言書としては認められていません（最後に自筆のサイン・署名があっても、です）。「現時点」と申しましたのは、今後は法律が改正される可能性も十分にあるということ。もちろん、法律が改正されたとしても、自筆の遺言書が無効になることはないので、すべて手書きでも全く問題ありません。ただし、法律的に有効な遺言書を用意する際にはルールがありますので、それにのっとった書き方・残し方をする必要があります。

手軽だけど危険な「自筆証書遺言」

第１章でもご紹介したように、自筆の遺言書をつくるには、４つのルールがあります。

- 最初から最後まで全て自筆で書く
- 日付を書く（〇年〇月〇日まではっきりと書く）
- 名前を書く（本名をフルネームで書く）
- 印鑑を押す（可能であれば実印。認め印でも可。）

加えて自筆の遺言書では、その保管方法にも気をつけておきたいということもお伝えしました。遺言を書いたことを誰にも伝えていなければ、死後、遺言書が発見されないということも十分にあります。また誰かが意図的に破棄することも、盗難や火事などで消失する可能性もゼロではありません。

また意外に多いのが、相続人の誰かが「これは本人の字と違うのではないか?」と言い出すことです。その際には、筆跡鑑定を行うことになり、時間も費用もかかります。さらに自筆の遺言書を開封する際には、裁判所による「検認」手続きを経て開封しなければなりません。

自筆の遺言書には、自分一人で気軽に作成できるというメリットがある反面、その後の手続きに多少の手間がかかるなど、様々なリスクやデメリットもあります。

面倒だけど確実な「公正証書遺言」

その一方で、公証役場で作成してもらう遺言書については、最初の手間と費用がかかる反面、自筆証書遺言のようなリスクはまったくないといえます。

公正証書遺言を作成する際には、二名の証人の立会いが必要になりますが、相続人は証人になることができません。オススメとしては、友人や以前の職場の同僚などのまったくの他人。もし誰もお願いするような人がいない場合は、弁護士や司法書士などの専門家、公証役場に相談することもできます。

公正証書遺言の作成に必要なもの

- 遺言の草案
- 遺言者の身分証明書（運転免許証や印鑑証明書など）
- 遺言者と相続人との続柄がわかる戸籍謄本
  （相続人以外の人に遺贈する場合は、その人の住民票）
- 不動産の登記事項証明書と固定資産評価証明書
- 実印
- 作成手数料

それでも、「いきなり公証人役場に行くのは抵抗がある」「将来は書き換える可能性もある」という方もいると思います。そういう方は、まずは手書きで遺言の下書きをつくっておくことから始めてみてください。これは正式な遺言ではないので、効力もない代わりに、何度でも気軽に書き換えることができます。もちろん、パソコンでつくっても構いません。メモ書き程度に残しておいて、「よし、これでいこう！」という時がきたら、その下書きをもとに公正証書遺言に書き換えてもらう。

遺言書を作成しておけば、あとは心置きなく残された時間を自分の自由に使うことができるようになるというもの。

遺言書をつくることは、残された人の不要な争いを防ぐとともに、家族と自分自身の残された時間を、大切に過ごすための効果があります。

５ 遺留分とは？

最後に「遺留分《いりゅうぶん》」についてご説明します。遺留分とは簡単にいえば、「相続分の一部については、相続人が取り戻すことができる権利」です。最低限の取り分として相続人には取り戻す権利が保障されています。

被相続人にとっては自分が築いた（所有している）財産なので、本来はどのように処分するかは自由なはずです。売却することも、自分で使用する（住み続ける）ことも、収益（人に貸して家賃を得る）を得ることも自由です。ですから本来であれば、自分の遺産を相続人以外の人に譲ることもできるはずなのです。

とはいうものの、相続人にとっては、相続できると思っていたはずの遺産が、全くもらえないとなると困ってしまうこともあります。例えば、「愛人に全財産を遺贈する」という遺言書がつくられれば、残された妻や子どもは困ります。まして、住み慣れた自宅を愛人に渡されたら、自分たちは住むところさえなくなってしまいます。

そこで、一定の相続人（兄弟姉妹以外の相続人）に、最低限の取り分として保障しているのが「遺留分」ということになります。

ちなみに、この「愛人に全財産を渡す」という遺言書があったとします。この遺言書は有効でしょうか？それとも無効になりますでしょうか？

これは、遺留分を侵していますが「有効な遺言書」です。遺留分は、相続人の一定の取り分を守る権利ですが、相続人が取り戻す行動（遺留分減殺請求《いりゅうぶんげんさいせいきゅう》）をしなければ、そのまま遺言書どおりに遺産が愛人に渡ります。

　でも、少し考えていただきたいのです。遺言書をつくるときに、「法定相続人がいるにも関わらず、全財産を第三者に譲る」というのは、やはり行き過ぎた遺言書だと思います。だから私たちのような専門家が遺言書を作るときにチェックさせていただくことになります。私たちにご相談いただいた場合は、基本的には遺留分を侵害しないような形で、なおかつご本人の意向に沿った形で、なるべく穏便に遺産相続が進むような内容をご提案します。特に自筆で遺言書を書かれる場合は、注意をしていただきたい点です。

遺留分が保障されている人とその割合は？

　相続人には、順位がありますが、配偶者（夫や妻）、子ども、両親、兄弟姉妹です。このうち、兄弟姉妹には遺留分はありません。

ですから、例えば、ご自身の相続人が弟さんだけだとします。それも仲の悪い弟さんだとします。こういったケースで弟さんには絶対に遺産を渡したくないとお考えの場合は、遺言書を書いて他人に遺産を渡すことができます。兄弟姉妹には遺留分がありませんので、このようなことが可能です。

また遺留分の割合は、配偶者や子どもの場合は、被相続人の財産の2分の1。親だけの場合は、被相続人の財産の3分の1になります。それを、それぞれの法定相続分割合であん分した割合になります。

「遺留分減殺請求」の権利は、相続の開始または自分の遺留分が侵されていることを知った日から1年、あるいは相続開始から10年を過ぎると時効となってしまいますので注意してください。

遺留分の割合（自由に処分できない財産の範囲）

相続人の組み合わせで遺留分の割合が決まります

<table>
<tr><th>相続人の組み合わせ</th><th>遺留分の割合</th></tr>
<tr><td>配偶者のみの場合

配偶者</td><td rowspan="3">被相続人の財産の $\frac{1}{2}$</td></tr>
<tr><td>配偶者と子などの直系卑属の場合

配偶者　子　孫</td></tr>
<tr><td>配偶者と父母などの直系尊属の場合

配偶者　父　母</td></tr>
<tr><td>父母などの直系尊属のみが相続人

父　母</td><td>被相続人の財産の $\frac{1}{3}$</td></tr>
</table>

第5章
生前の財産管理

1 成年後見・民事信託
～要は、財産の管理を他人に依頼すること～

法定後見制度と任意後見制度／任意代理／死後事務委任／民事信託

これまで、亡くなるまでに準備しておくといい、主に遺言の役割についてご説明してきましたが、実はもう一つ大切なことがあります。それは、生前の財産をしっかりと管理して守っておくことです。

順にご説明します。まず大前提として、遺言書は、その方が亡くなってから初めて、その効力が生まれます。意識もはっきりした元気なまま、「この日に死ぬ」というのがわかっていればいいですが、人間そうはいかないものです。ある日突然寝たきりになったり、認知症の症状がでることもあるでしょう。そんな時のために本人の支援をするのが、**成年後見制度**です。

成年後見制度とは、認知症や知的障がい、精神障がいなどにより、判断力が十分でない人を支援するための制度。不動産や預貯金などの財産管理や、介護などのサービスに関する契約、また遺産分割の協議などを、成年後見人が、**本人に不利益にならないように**、本人に代わって行います。

成年後見制度は、大きく分けると「**法定後見制度**」と「**任意後見制度**」があります。

法定後見制度…すでに判断能力が欠けていたり、不十分な場合に、援助者（後見人・保佐人・補助人）を裁判所が選んで、本人を支援します。本人の判断能力の程度など、本人の事情に応じて「後見」「保佐」「補助」の３つに分かれています。

任意後見制度…判断力が十分なうちに契約して、判断力が不十分になった時に、あらかじめ用意していた契約に従い、自らが選んだ代理人（任意後見人）が支援を行います。自分の生活や療養看護、財産管理に関する事務について代理権を与える契約（任意後見契約）を公証人の作成する公正証書で結んでおくというものです。

では、誰が成年後見人になることができるのでしょうか。

任意後見の場合は、あらかじめ本人が任意後見人を決めておき、法務局に任意後見の登記がされます。ただし、法律でふさわしくないと定められている事由のある者（破産者など）はなれません。

法定後見人については、本人の利益の保護や支援を目的として財産管理が中心となるため、裁判所が選任します。家族だけでなく、弁護士や司法書士が指名されることもあることから、処分行為や想いを伝えるなどの業務には向いていません。

またこの他にも、「**任意代理**」という制度もあります。

任意代理は、例えば、頭はしっかりしているが、身体が不自由で動けないというときなどに、代わりに銀行に行ってもらったりすることができます。健康な状態から任意後見契約の効力発生までのタイムラグを埋めるための制度です。

ここで紹介した成年後見人については、対象者の死亡によってその効力は終了します。死亡後の様々な処理を代行してもらうためには、「**死後事務委任**」か「**民事信託**」が必要です。

死後事務委任は、死亡した際の「葬儀に関わる事務作業」や「賃貸住宅や携帯電話などの解約」といった、各種事務作業のみを行うことができる契約です。主に司法書士と契約されることが多く、契約書を作成して公正証書として保管をしますが、法律的な根拠が乏しく、法律的には不安定な立場であるという考え方もあります。

各種の財産管理制度　ポイント・組合せ！

	判断能力あり	判断能力なし	死亡	死後・手続終了
遺言・死因贈与	作成		効力発生	終了
法定後見		効力発生	終了	
任意後見	契約	効力発生	終了	
任意代理	契約・効力発生		終了	
死後事務委任	契約		効力発生	終了
民事信託	契約			

民事信託は、家族のための信託ともいわれ、本人や家族の安定した生活を守り、福祉を確保するために財産を活用する制度です。また、大切な財産を後継者に承継するための制度でもあります。これも弁護士や司法書士などを通じて公正証書を作成することが多いです。制度としては以前からありましたが、10年ほど前に法律が改正されて使いやすくなったことから、最近、この制度を利用する方が増えています。

任意後見や民事信託は、いずれも対象者が健康なうちに家族（法定相続人）などを交えて話し合って決めることができるため、後々のトラブルを未然に防ぐためにはたいへん有効な制度です。またこれらと遺言を組み合わせることで、自分がどんな状態になった時にでも、財産の管理から分配、相続までをスムーズに進めることができます。

②　生命保険の有効活用

一人あたり500万円の非課税枠／生命保険は受取人の固有財産

最後に生命保険の有効な活用方法についても、ご紹介しておきます。
生命保険を利用するメリットはいくつかあります。

まずは相続税法上、法定相続人一人あたりに５００万円の非課税枠があるということ。これは単純に節税対策としても有効です。

次に、生命保険金というのは、基本的に、受取人を指定しておけば相続財産ではなく、相続人固有の財産ということになりますので、後々、誰かと分ける必要がありません。被保険者（＝被相続人）から受取人へ、スムーズにお金を渡すことができます。

また保険金は当然、保険会社との契約になりますので、必要な書類さえ提出すれば、すぐに振り込まれます。相続税などの税金には納税期限があります。遺産相続の分配でもめていたとしても税務署は待ってはくれません。遺産分割の協議がまとまらないと、銀行からはお金を下ろすことができません。そのため、一時的にでも納税資金として確保することができます。

生命保険の有効活用

法定相続人１人あたり 500 万円の非課税額
→相続税の節税効果
→相続における財産分与をスムーズに行うための重要なツール
（生命保険金は相続財産ではなく、相続人固有の財産となるため）
→納税資金の確保

契約形態	契約者	被保険者	受取人	税金の種類
契約者と被保険者が同一	父	父	母	相続税
	父	父	子	
契約者と受取人が同一	母	父	母	所得税（一時所得）
	子	父	子	
契約者・被保険者・受取人がすべて異なる	母	父	子	贈与税
	子	父	母	

（注）契約者が保険料を負担したとする

ただ生命保険については、保険商品ですので、その時の金利や法律によって、有効な商品が販売されていない場合があります。また保険会社によっても、その対応はマチマチですので、できれば複数の保険会社の商品を扱っているような相談窓口に行かれることをオススメします。いずれにせよ保険については、早めの対応をしておくことが大切です。

③ 法律面と税金面のまとめ

ここまでの話で、相続には「法律面」と「税金面」の両方から考えていくことが必要であることがわかっていただけたかと思います。

法律については、あらゆる場面において、「遺言書」が一番有効だといえます。ただし、遺言書は法律に基づいた作り方をしないと無効になることもあります。何となく下書きをしているうちはいいですが、正式な遺言書をつくりたいと考えたときには、書き方や内容、保管場所については、ぜひしっかりと調べてから作成してください。

税金については、その時々で法律が改正されるので注意が必要です。平成27年からは相続税の基礎控除が減らされ、課税対象になる方が増えています。今後も、以前の法律では課税対象外だった方が、課税対象者となってくる場合もありますので、自分の資産と法律の関係については、気にかけておいていただいた方がいいでしょう。

そもそも相続争いは、資産額には関係ありません。極端な話、数十万円を巡って親族同士の関係がこじれてしまうことも、よくあります。節税対策と同じくらい、誰にどのくらいの財産を残すかを慎重に決断するためにも、早いうちから準備をしておくことが大切なのです。

第6章
みんなで考える トラブルの事例と対処法

ここまで読んでおわかりいただいたように、トラブルが起きないようにするためには、「あれ?これはトラブルになりそうだぞ?」と事前に感じることができるかどうかがポイントとなります。そのためにはまずは細かい法律などは別にして、どんなケースがトラブルにつながりやすいのかを知っておくことが必要。この章では、トラブルになりやすい例を紹介するとともに、それを回避する方法についても考えてみましょう。それぞれのケースについて「法律面」と「税金面」の2つの視点から解説します。

ケース6
「夫婦二人で子どもがいない」

結婚はしているが子どもがいないという方も多くいらっしゃいます。パッと考えると夫婦喧嘩はあっても相続争いとは無縁のようにも思います。

ですが実際は、子どもがいない人が死亡したときの相続手続きは、子どもがいる人に比べ、かなり面倒になります。

具体例を見ましょう。

夫は妻との間に子どもがおらず夫婦二人である。妻は、「子どももいないから、夫のものは全て私のものだし。（夫のものは私のもの、私

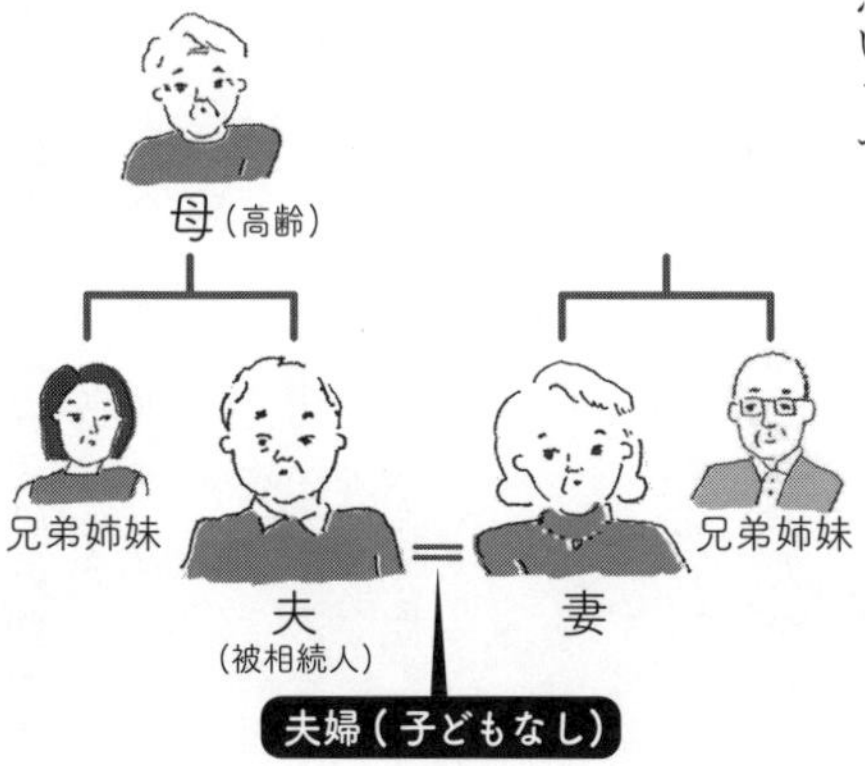

夫にも妻にも兄弟姉妹が一名ずつおり、夫のお母さんも高齢だが存命である。ただ、のものも私のもの（笑）と高を括っていた。

子どもはいないけれど夫の親も兄弟も存命であるというのはよく聞くケースですね。特に最近では高齢化が進んでいますので、60～70代の方のご両親が80～90代で健在という話も決して珍しくありません。

まず、法律面を見ましょう。

子どもがいなくて夫の死亡時に夫の親や兄弟が存命の場合には、その方にも相続権が生じます。夫が死亡した場合に夫の遺産は全て妻が相続すると思っている人が非常に多いようです。しかし法律上は、妻だけでなく夫の父母も相続人となります。

実際には先に父母が死亡しているケースの方が圧倒的に多いです。でも、そのような場合には、夫の兄弟姉妹が妻とともに相続人となります。

特に住んでいる自宅以外にめぼしい資産がない場合には大変なことになりかねません。想像してみてください。ご主人亡き後の妻としては、住んでいる自宅の名義を変更するにも夫の兄弟に実印をもらいに行かなければなりません。もらいづらいものです。

仲がよければ、兄弟も協力して実印を押してもらえるでしょうが、もし仲が悪ければ…。当然、いろいろなトラブルが想定されますし、妻の負担たるや非常に重いものがあります。

そこで全ての財産（特に、住んでいる自宅）を妻に相続させる旨の遺言書が有効になります。妻に無用な負担をかけないためにも、遺言書にはしっかりと「財産は全て妻に相続させる」と記載しておきましょう。そうすれば、妻は一人で預貯金や不動産の名義変更ができるので、夫の兄弟に無理にお願いする必要もありません。

しかも、親には遺留分（詳しくは131ページ参照）がありますが、兄弟姉妹には遺留分はないので、親が死亡して兄弟姉妹しかいない場合には、相続分をゼロにしたからといって遺留分を請求されることもありません。

遺言書を残すことで兄弟姉妹の権利を封じることができます。遺言書がモノをいう代表的なケースです。

したがって、子どもがいないご夫婦の場合は、必ず遺言書を書いておきましょう。

次に、税金面を見ていきましょう。

夫婦間の節税として居住用資産の贈与税の配偶者控除というのがあります。

簡単に内容をいいますと、婚姻関係20年以上の夫婦間で、居住用の土地・建物や購入資金を贈与する場合には、通常の基礎控除１１０万円にプラス２０００万円が特別控除として認められています。

これを利用して自宅の持分を生前に夫から妻に移すケースがあります。

子どもがいれば問題はありません。妻が先に亡くなったときに、子どもがいれば子どもが相続できるからです。

しかし、子どもがいない場合はどうでしょうか？

自宅の土地・建物を妻に贈与して、万一妻が先に亡くなったらどうなるでしょうか？子どもがいないので、妻の親や兄弟に相続権が生じます。

夫としては妻の親や兄弟に実印をもらいに行かなければならなくなります。仲がよくない場合には非常に苦労することになります。

平均寿命からいえば、夫の方が先に死亡する可能性が高いでしょうが、念のため妻も遺言書を書いておきましょう。夫婦以外に土地・建物の権利が移ることを避けるためにも、夫婦が互いに全財産を相続させる旨の遺言を書いておくのが望ましいです。

ちなみに、第1章でもふれたとおり、同じ紙に夫婦が共同で遺言することは禁止されています（夫婦共同遺言の禁止）。遺言書は別々につくりましょう。

トラブルを防ぐための結論

子どもがいない夫婦は、自分に万一のことがあった場合に備えて、夫または妻に全ての財産を譲る旨の遺言書を用意しておく。

ケース7

「めぼしい財産が自宅の不動産のみ、預貯金は少なく、相続人が複数いる」

父が死亡したが、めぼしい財産は自宅のみである。子どもは、長男、長女、次男であり、自宅には、母と独身の次男が住んでいる。長男長女は、独立して子どももいるけれど、教育費がかさんで家計は楽ではない。

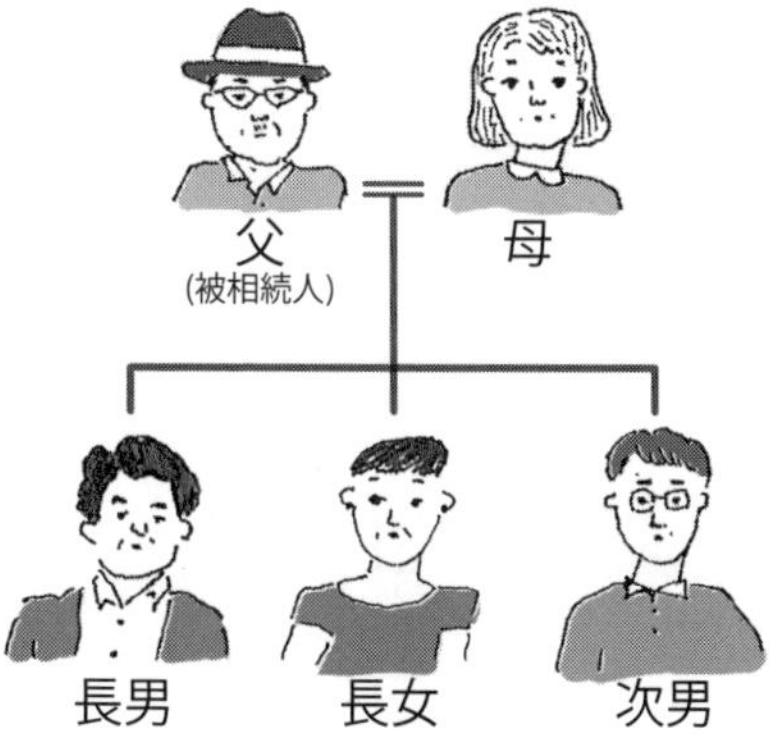

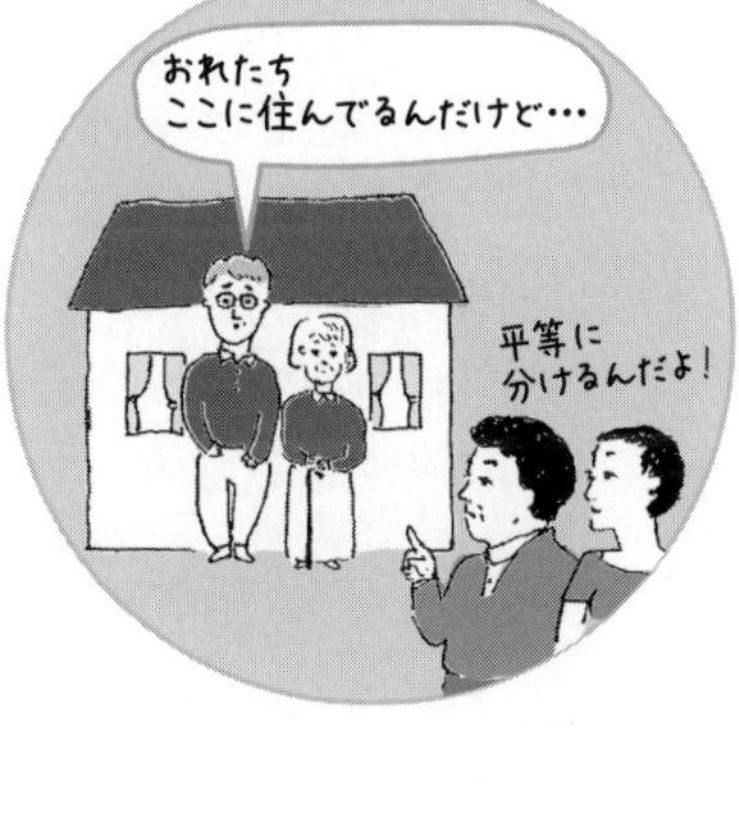

三者三様です。長男は、「長男である私が相続するのが当然だ」と、長女は、「何を言っているの？法定相続分があるじゃない。均等で分けなければだめでしょう」、お母さんと次男は、「いや、そんなこといわれても私たちは、今ここに住んでいるのだから」と、このような事例です。めぼしい財産が不動産しかない場合という点を考えていきたいと思います。

法律面を見ていきましょう。

不動産以外に大きな資産がないというのは実によくある話です。なおかつそれが自宅なら深刻な問題になります。不動産は文字通り「動かせない」、つまり分けにくいというところが大きな問題です。ここで住み続けたい相続人（お母さんと次男さん）と、「もう現金に換金して分けてよ」というほかの相続人（長男さんと長女さん）と意見が対立しているので、どうしようもないのです。

これを一番スムーズに解決するには、やはりお母さんと次男さんが現金を用意して、長男さん長女さんの持ち分（6分の1ずつ）を買い取って現金を渡す。対応はそのようになります。

こういったご事情がもともとわかっているのなら、そこにずっと住みたいお母さんと次男さんは、生前に、例えば贈与や売買で、土地の名義を事前に変えておかれるのがよいと思います。そういうことをしておかなければ、そこに住んでいる相続人と住んでいない相続人が共有している状態が続くことになり、何の解決にもなりません。

次に、税金面を見てみましょう。

不動産しかめぼしい財産がなく相続税がかかる場合には、納税資金を確保することが大切になってきます。相続税の場合には、物で納める物納や分割払いである延納という制度も存在しますが、必ず認められるわけではなく、それぞれ所定の要件を充足する必要があります。やはりあくまでも現金による納税が原則と考えましょう。とすると、手元資金がない場合には不動産を売却することも考えないといけませんが、不動産の場合には簡単に売却できないことも多いので、納税資金が間に合わないことになりかねません。

もう一つ。遺産分割をする場合、分け方で納税額がかわるということがあります。実際に住んでおられる方（この場合は、お母さんと次男さん）が、この家を相続するのであれば、いわゆる「小規模宅地特例」が適用され評価額が減額されます。もし、他の方（この場合は、長男さんと長女さん）の言い分が通って、売却する場合には、小規模宅地の特例は適用されません。

人の気持ちはそれぞれで、長男さんや長女さんにしてみれば、「税金を払ってでもお金にしたい」となるでしょう。

ですから、税金面でいうと、実際に住まれている方が相続されたほうが有利になることが多いです。そうすると、お父さんはやっぱり持ち分を買い取れるようなお金を用意しておくほうがいいでしょう。

さらにもう一点、不動産を売却する場合には譲渡所得税についても留意する必要があります。つまり「相続人間の合意ができなくて不動産を処分することになりました」という場合には、相続税とは別の譲渡所得税が発生します。これはもともとの土地建物をいくらで取得したかによって税額がかわってきます。

以下、簡単に説明します（ただし厳密には建物に関しては減価償却を考慮する必要がありますが、話を簡単にするためにここでは考慮しません）。

例えば、お父さんが土地建物を1億円で買って8000万円で売却する場合には、売却損が発生しますので譲渡所得税は課税されません。

逆に1億円で買った土地建物を1億2000万円で売却すれば差額の2000万円の売却益に課税されます。

問題なのは、昔から所有している、あるいは契約書等を紛失した等の理由で取得価格がわからない場合です。この場合には、売却額の5％で取得したものとみなすという規定があります。つまり1億円で売った場合には、その5％の500万円で取得したものとして差額の9500万円が売却益として課税対象になってきます。

以上のとおり、相続した不動産を売却した場合には相続税のみならず譲渡所得税の課税リスクにも注意が必要です。

トラブルを防ぐための結論

生前に名義を変えておくか、持ち分を買い取るだけの現金を母と次男が準備しておく。

これだけお金を用意しておけば兄さん達も文句なしだな！
そうね！

ケース８

「前の配偶者との間に子どもがいる」

それでは、次の事例を考えてみましょう。

夫は現在の妻と再婚し子ども二人に恵まれた。しかし、現在は全く連絡を取っていないが、最初に婚姻関係があった女性（前妻）との間にも子をもうけている。

お子さんが小さいときに奥さんと別れて、その後この前妻とお子さんは遠方で生活している。そういうケースはよくあります。

法律面を見ると、この事例で夫が亡くなれば、相続人調査の中で、前妻のお子さんが戸籍に登場します。子どもとしての相続権はありますので、全く排

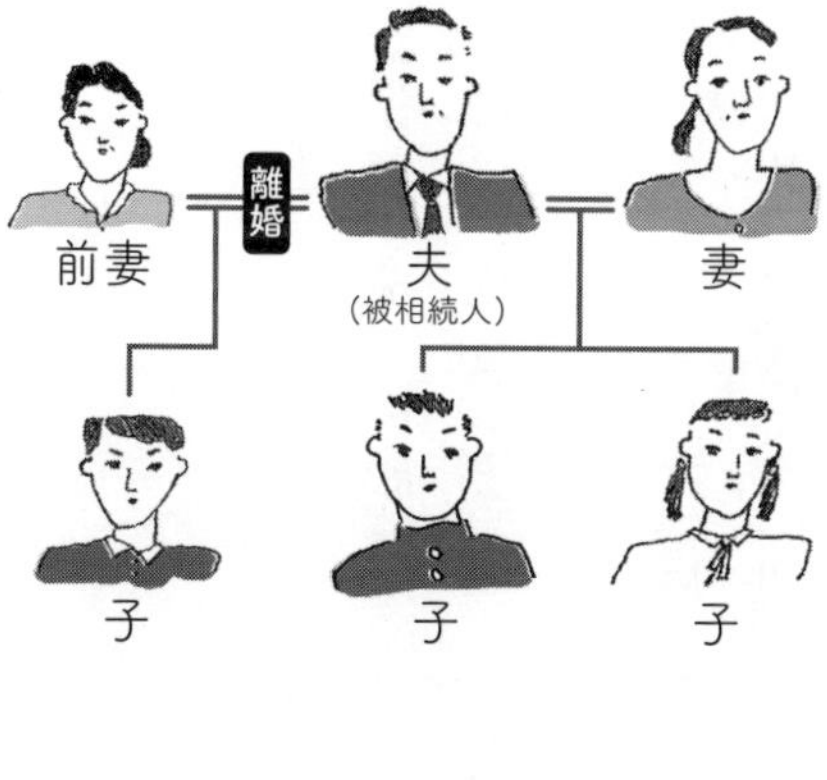

除するわけにはいきません。

こういったご事情で、今住んでいるご自宅を守りたいという希望があるのでしたら、このご主人には遺言書を準備していただかなければなりません。「自宅は、今の妻とお子さんに渡す」という形で、遺言書を残すのが対策になるかと思います。

もし遺言書の準備ができていなかったらどうなるかといいますと、これは結局、相続人皆さんで話し合いをしなければなりません。いわゆる遺産分割協議です。現在の奥さんも今の子どもさん二人も前妻のお子さんも、みんなで納得いく話し合いをして、皆さんから実印をもらわなければいけないということになります。

想像してみてください。これは、前の例であったご主人が亡き後、ご主人の兄弟さんからもらうハンコより難しいです。会ったこともない子ども（前妻の子）からもらうほうがかなりハードな交渉になります。子どもの頃から離れて暮らしていて、どこにいるかわからない人に実印をもらいに行くというのは、かなり難しいです。

もちろん遺留分という問題もあるのですが、遺留分も請求されるまではそのままの状態が続きます。また、時間がたてば遺留分減殺請求権の消滅時効ということもあります。そういった点からも、やはり、ご主人にはしっかり遺言書を書いておいてもらうというのが、一番よい対策になります。

また、こういったケースの場合は、今の家庭の子どもさんが、自分の父親に前の奥さんがいて子どももいる、というのを知らないケースもありますので、注意が必要です。

次に、税金面では何が問題になるのでしょうか。

ここで考えなければならないことは、相続税の申告期限が亡くなった日から10か月後までだという点です。

長いように見えますが、法事で考えますと一周忌より前です。その日までに遺産分割協議が整わない（調わない）場合には、その期限を延長する手続きもできます。ただし、その特例が受けられないケースもあり、一旦納税して、還付を受ける…という流れになるケースもあります。その意味で、なるべく10か月以内に税金の申告まで完了するのがよいです。

つまり、前妻との間にお子さんがいる場合には、早いうちに話し合いをし、交渉や対策をされるほうがいいでしょう。とにかく早目早目に…それに尽きます。

トラブルを防ぐための結論

前妻の子どものことも留意した上で、早めに遺言書を用意する。

ケース9
「内縁のパートナーがいる」

内縁の関係は、法律面ではどう扱われるのでしょうか？

具体例から見ていきましょう。

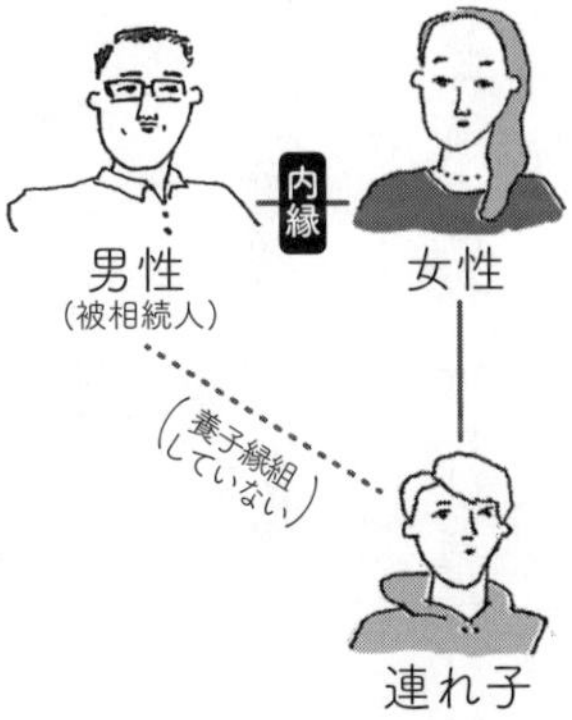

長年連れ添った男女。この二人は実は籍を入れておらず、内縁関係にあった。二人の間には子どもがおらず、女性のほうに連れ子がいる（男性と子どもは、養子縁組をしていない）。

法律面を見ましょう。民法上は、あくまでも法律婚が前提です。妻が内縁の場合には相続権はありません。したがって、子どもがいれば相続人になります。子どもがいない場合には夫の親や兄弟に相続権が生じます。よって、このような事例で何らかの

対策をするとすれば、この男性が遺言書を書いて、財産の配分を決めておくのがよいことになります。

また、互いの連れ子がいる場合には養子縁組しておくべきと考えます。

税金面も同じです。

現在の税法でも、あくまでも法律婚を前提としておりますので、例えば所得税においても内縁の妻には配偶者控除という制度を受けられません。

また、相続税においても法定相続人にはなれません。もし遺贈を受けた場合には、相続税は2割増しになります。

また、第1章で述べた、居住用資産の贈与の配偶者控除も、内縁の妻には適用されません。

トラブルを防ぐための結論

遺言書で遺産を相続させる旨を残しておく。
内縁の妻の連れ子とは養子縁組をしておく。

ケース10 「不動産が先代名義のままである」

次の例を見てみます。

父が亡くなり、残された母と子ども二人で相続手続きに取りかかった。すると、長年誰も気にしなかったのだが、自宅の土地建物の名義が30年前に他界した祖父のままであった。なお、祖父と祖母はともに他界しているが、父の兄、弟、姉は存命している。

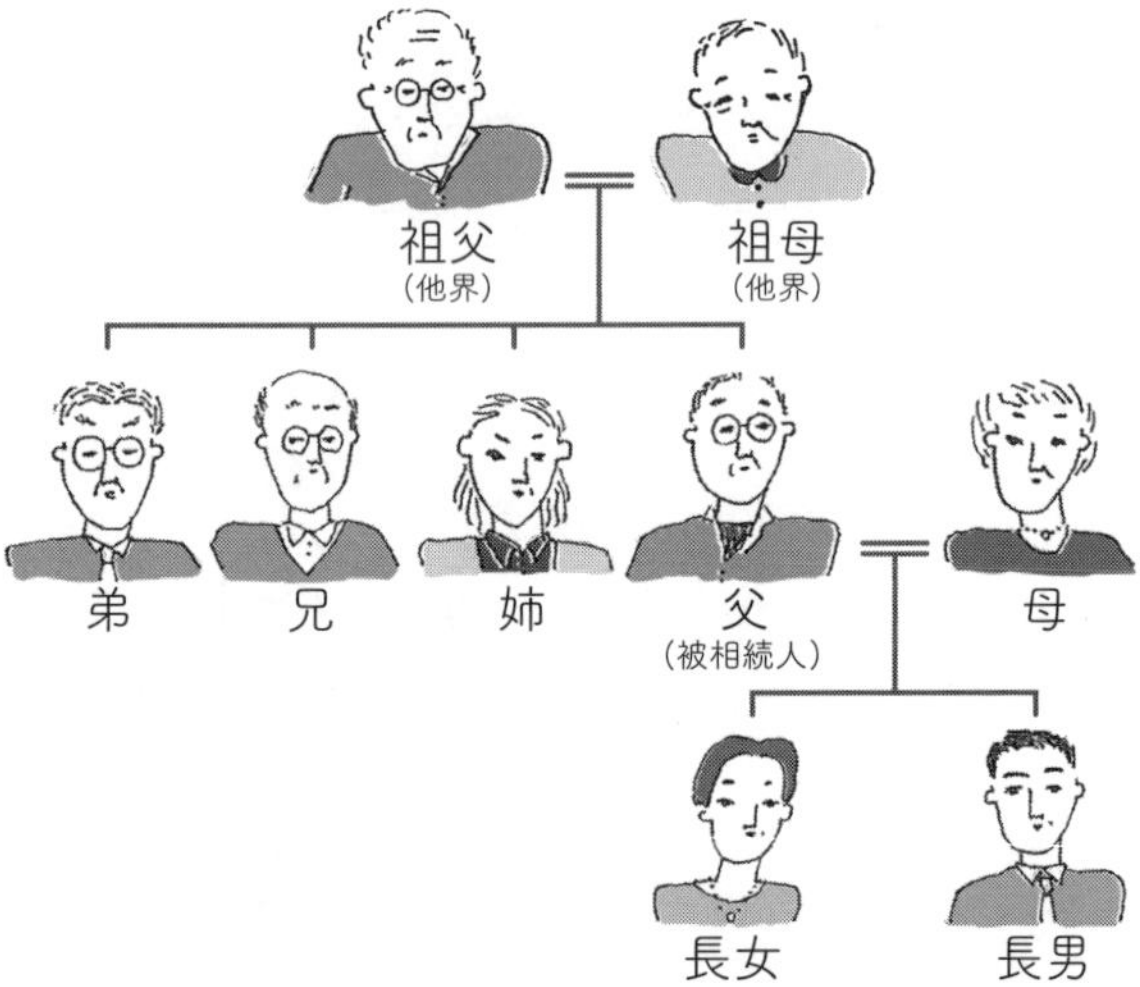

先代名義のまま不動産の名義を放っておくということは、実際よくあります。この場合の問題点は、遺産分割協議がまとまりにくくなることです。さらに相続人の高齢化により認知症などのリスクが発生し、協議ができなくなる場合もあるので注意が必要です。

例えば息子さんが住宅を建てるときに銀行から融資を受けるにあたって、「名義が先代のままなので、ご自身に名義を変えてください」と銀行から言われて、慌てて名義を一代おろし、もう一代おろしと、順番に移していくような相談もあります。

名義を昔のまま放っておくと、このようにリフォームローンの審査がすぐ通らないなどの問題が起こってきます。また、例えばその不動産を売却したいと思ったときにも、売却するまでには、名義を現在の所有者の名義まで変更しなければなりません。時間がかかって売るチャンスを逃すという、リスクもあります。昔の名義のまま放っておかれるのはよくないということです。もしそういった土地をお持ちの方がいましたら、今すぐにでも正しい名義に変更しておくことをオススメします。

また、この例でも相続人がたくさん出てきています。この中で、子どもから見れば、伯父（叔父）さんや伯母（叔母）さんといった立場の方の状態や関係にも注意が必要です。

子どもと伯父（叔父）さんや伯母（叔母）さんが、今でもずっとお付き合いしていて仲がよければ、協力もしてもらいやすいですが、小さい頃にはよく会っていたけれど今は会ってないとか、それこそ伯父（叔父）さんや伯母（叔母）さんはもう亡くなっていて、いとこにあたる人に相続する権利がうつっているとか、そういったケースもあるでしょう。

伯父（叔父）さんや伯母（叔母）さんが、元気であればまだよいのですが、ご高齢で認知症になっている場合もあります。そうすると、その方からはハンコをもらえないということになります。その際には、１３８ページでもふれた成年後見制度を利用して後見人になった人からハンコをもらうということになり、手続きがかなり複雑になります。

このケースでは相続人は６人でしたが、私の経験でも、相続人が15、16人いたというケースも珍しくありません。関西や関東にも離れていらっしゃって、そこにもハンコをもらいに行かなければなりません。30人いたというケースもあるので、名義は放っておかずに現状に合わされたほうがよいです。

その他に、この事例では国内の相続人を想定していますが、最近多いのは、相続人が海外にいるというケースです。海外までハンコ（サイン）をもらいに行くのか？という問題も発生しますので、事前にわかるなら解決しておいたほうがよいかと思いま

す。

また、違う観点から申しあげます。

昨今の所有者不明の土地の問題です。名義を先代名義のまま放っておかれて、時間がたったので現在の相続人（所有者）と連絡がとれなくなっている自治体が多いということです。所有者がわからない土地や空き家がふえて、固定資産税の徴収やインフラ整備に影響がでているそうです。

相続登記が済んでいない土地が日本にどれくらいあるかご存知でしょうか？

相続登記未了不動産（所有者不明地）の総面積は、九州全体の面積に匹敵するという見解があります。

これは日本の社会問題となっています。不動産も次代に引き継いでいきたいですね。

トラブルを防ぐための結論

土地・建物の相続は、その都度きちんと名義を変更しておく。すでに複雑になっている場合は、一日でも早く専門家に相談を。

ケース11

「『寄与』が認められる」

長男は独立して家を出ており、残った長女が父を自宅で看病してきた。

ここではわかりやすく、兄弟（姉妹）を二人と仮定します。そのうちのどちらかが家を出ており、残った方が親の看病をしたり、家業を継いだりするケースはよくあります。その後、親が亡くなり遺産相続をすることになった際に、法律的には出ていった兄弟（姉妹）と残された方の相続配分は変わりません。法律ではそのように決まっていますが、残って親の看病をしたり事業を継いだりした方が、納得がいかないというのは、心情的には理解ができます。

その際に残った方の言い分としては、「自分が看病をしたから、入院などの医療費を抑えることができたのだ（資産を減らさずに済んだ）」ということになります。

こういった場合には、「（遺産相続の）寄与分」が認められるケースがあります。

寄与分とは、共同相続人の中に、被相続人の財産の増減や維持に特別の働き（特別の寄与）をした者がある場合に、相続財産からその寄与分を控除したものを相続財産とみなして、各相続人の相続分を計算し、寄与者にその控除分を取得させることによって、共同相続人間の公平性を図る制度です。

私が介護してきたのよ！
法定相続でお願いします。

要は、被相続人の財産を減らさずに済んだのだから、または被相続人の財産の増加に貢献したのだから、そのことを考慮して相

続分を変えましょう、という考え方です。

ただし、こういった制度はありますが、現実的には、「では果たして一体いくらが寄与分にあたるのか？」「その根拠は？」など、細かい書類などの用意が必要となり、認められにくいのが実情です。寄与分を取得する人の主張を共同相続人全員が納得すれば問題ありませんが、そうでない場合は裁判所に判断を委ねることになります。

寄与分の具体例

・相続人が母と長女A、長男B。長女が父を介護（寄与分）
・父の相続財産 4000万円
・長女Aの**寄与分が1000万円**とする

寄与分を考慮した遺産分割

・母：(4000万円**ー1000万円**)×2分の1＝ 1500万円
・長女A：(4000万円**ー1000万円**)×4分の1＋**1000万円**＝ 1750万円
・長男B：(4000万円**ー1000万円**)×4分の1＝ 750万円

トラブルを防ぐための結論

遺言書で、事前に寄与分に相当する金額を決めておく。またはその他にも、生命保険という形で残すこともできます（生命保険については、第５章で述べています）。

ケース12

「『特別受益』がある」

長男は早くに独立し、生前には援助を一切してもらっていない。一方、次男は長年実家住まいで、結婚費用や自宅建設費用、子ども（親からすれば孫にあたる）の大学進学費用を父に出してもらっていた。

これもよくあるケースです。

親が亡くなった際に、次男は法定相続割合での相続を望みますが、生前に一切援助を受けていなかった長男は、それでは納得できないと主張します。

この場合、次男が受けていた支援は、法律的には「特別受益」と呼ばれ、遺産相続の際には、その分を持ち戻して（財産に加算して）から、相続金額の算定をすることがあります。

特別受益とは、特定の相続人が、被相続人から婚姻や養子縁組のため、もしくは生計の資本として生前贈与や遺贈を受けているときの利益をさします。ただし、結婚費用や進学費用が特別受益として認められるのは「高額な場合のみ」とも決められており、金額によっては贈与税がかかってくる場合もあるため、「特別受益に該当するのではないか?」という懸念があれば、早めに専門家に相談しておくことが得策です。もちろん、これらのケースについても生前にしっかりとした遺言が用意されていれば、全て問題なく財産分配されることになります。

トラブルを防ぐための結論

事前に兄弟の気持ちを確認した上で、遺言書をつくっておく。特別受益について気になる場合は、事前に専門家に相談しておく。

ケース13

「特定の子どもに財産を多く残したい」

父親はすでに他界しており、残されたのは母親と子ども二人。長男はもともと素行が悪く、早くに家を出て、実家にはまったく寄りつくことがない。一方で長女はずっと母親と同居をしており、献身的にその面倒をみてきた。

母親としては、遺産相続の際にはなるべく長女に財産を残してやりたいと考えますが、遺言を残したとしても、長男が遺留分を主張してくる可能性は充分にあります。

第4章でも出てきましたが、遺留分とは、相続人が

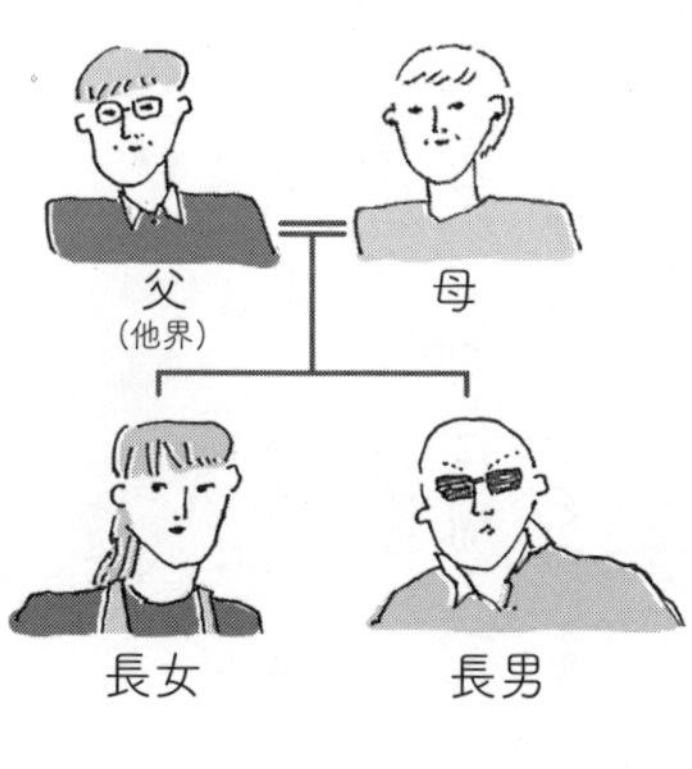

有していた財産の一定の割合について、遺言や贈与に関係なく、最低限の取り分として、一定の法定相続人に保障する制度。その割合は、このケースですと2分の1となります。

この場合、長女になるべく多くの財産を相続させるためには、遺言書をつくることに加えて、生命保険に加入して、その受取人に指名しておくことも有効になるかもしれません。

トラブルを防ぐための結論

遺言書に加えて、生命保険でも遺産が相続できるように準備しておく。

ケース 13 についての具体案

相続財産は自宅 2000万円、現預金 1600万円

財産を残すための相続対策として

① すべての財産を長女に相続させる旨の遺言書
② 事前に長女を受取人とする 1000 万円の生命保険に加入する（一時払）

何もしない場合（法定相続割合）

相続財産は自宅 2000万円と現預金 1600万円
自宅を長女、現金は長男に
長男：現預金 1600 万円
長女：自宅 2000 万円

※長女から長男に代償金 200万円支払（長女が自分自身の財産から支払うことになる）

遺言書と生命保険で相続対策案

相続財産は自宅 2000万円と現金 600万円
（長男の遺留分４分の1）
自宅を長女、現金は長男に
長男：現預金 600万円（※遺留分）
長女：自宅 2000万円＋**生命保険金1000万円**

※長男の遺留分 650万円（2600万円×4分の1）に足りない 50万円は生命保険金から代償金として長男に支払

生命保険という手もあったのね！
あなたに最適な保険をお探しします。
ほけん

おわりに

いかがでしたか？

なぜ「遺言が最強」なのか、少しでもご理解いただけたでしょうか？

皆さんに勘違いしないでいただきたいのですが、遺言書は遺書とは違います。遺言書は決して死の準備のためのものではありません。頭と身体が元気なうちに自分の財産をどうしておきたいのかを考えておくことは、これからの生き方にもつながっていきます。

「今は元気だから大丈夫」ではなく、「元気なうちに少しずつ準備しておくこと」が大切なのです。ぜひ若いうちから少しずつご用意しておくことをオススメします。

また、初めて遺言書をつくるのに、遅すぎるということはありません。もしご家族に「遺言書なんて用意して縁起でもない…」と言われたら、「遺言書をつくりながら、自分の人生を見つめ直しているんだ」と答えてあげてください。

※本書は、平成30年1月末時点での法律に基づいて執筆されています。

本書を参考に遺言書の作成や遺産相続をされる際には、法律が変更になっている場合がありますのでご注意ください。

また各事例における解決策のアドバイスは、著者の見解に基づくものです。

法律の解釈によっては、異なるアドバイスにつながることもあります。

これから遺言書の作成や遺産相続をされる際には、最寄りの法律・税務の専門家にご相談いただくことをオススメします。

あとがき

　本書を執筆するきっかけは、私自身、司法書士として相談を受けながら、「事前に知識をお持ちであれば、ここまでトラブルにならなかったのに」とか、「もう少し早い段階でご相談に来ていただけていたら、他の対処法もあったのに」と思うことがよくあったからです。

「司法書士は、街の法律家」と親しみをこめて言われる職業ですが、まだまだ一般の方からすれば、敷居が高いと思われているのかも…と感じることが多々あります。司法書士などの士業について、もっと多くの方に身近に感じていただきたい。もっと気軽に相談できる存在になりたい。本書にはそんな想いも込められています。

最後になりましたが、本書の出版にあたっては、ネクストサービス代表取締役、出版プロデューサーの松尾昭仁さん、キーステージ21の中村真純さんには、たいへんお世話になりました。実業家として著書もある友人の大城太さんにも、多くの助言をいただきました。私が役員を務める京都未来創造研究所や渡辺総合事務所のメンバーにも、日々の業務で忙しいなか助けていただきました。改めて感謝を申し上げます。

また、本書執筆の背中を押してくれた妻や子どもたちにも、この場を借りて感謝の意を伝えたいと思います。

みなさん、ありがとうございました。

渡邉善忠

Information

『未来創造塾』のお知らせ

本著に共鳴し、同じ志を持つ士業（弁護士・公認会計士・税理士・司法書士・行政書士など）の皆さま向けセミナー運営勉強会。

セミナーノウハウ大公開 !?

著者の所属する京都未来創造研究所のメンバーが士業の皆さまにセミナー運営に関するノウハウを伝授する『未来創造塾』。募集情報などを下記の web サイトでご覧いただけます。

『未来創造塾』インフォメーションサイト

https://mirai-souzo-juku.miraisouken.jp

京都未来創造研究所

（お問い合わせ先）
株式会社京都未来創造研究所
セミナーコンテンツ事業部
email:saikyo@miraisouken.jp
〒 615-0072　京都市右京区山ノ内池尻町6
京都四条グランドハイツ1F

渡邉善忠（わたなべ・よしただ）

1971年生まれ。

認定司法書士、行政書士、民事信託士。

司法書士法人渡辺総合事務所　代表社員。

渡辺行政書士事務所　代表。

株式会社京都未来創造研究所　取締役。

2003年渡辺司法書士事務所開業、07年渡辺行政書士事務所開業。14年司法書士部門を法人化。

相続問題を筆頭に過去の相談実績は2000件以上に及ぶ。

公益社団法人成年後見リーガルサポート正会員、一般社団法人民事信託士協会認定民事信託士（第1期）、全国相続協会相続支援センター京都支部会員。

相続問題のプロフェッショナルとして活躍している。

最強の遺言 ～相続・遺言まるわかりセミナー～

2018年3月1日　初版発行
著者　渡邉善忠
発行者　大久保正弘
発行所　株式会社キーステージ21
本社　〒194-0215 東京都町田市小山ヶ丘4-7-2-218　電話 042-779-0601
出版部 〒192-0062 東京都八王子市大横町1-9Kビル402　電話 042-634-9137
編集　中村真純
印刷・製本　モリモト印刷株式会社

ISBN978-4-904933-08-4　NDC385